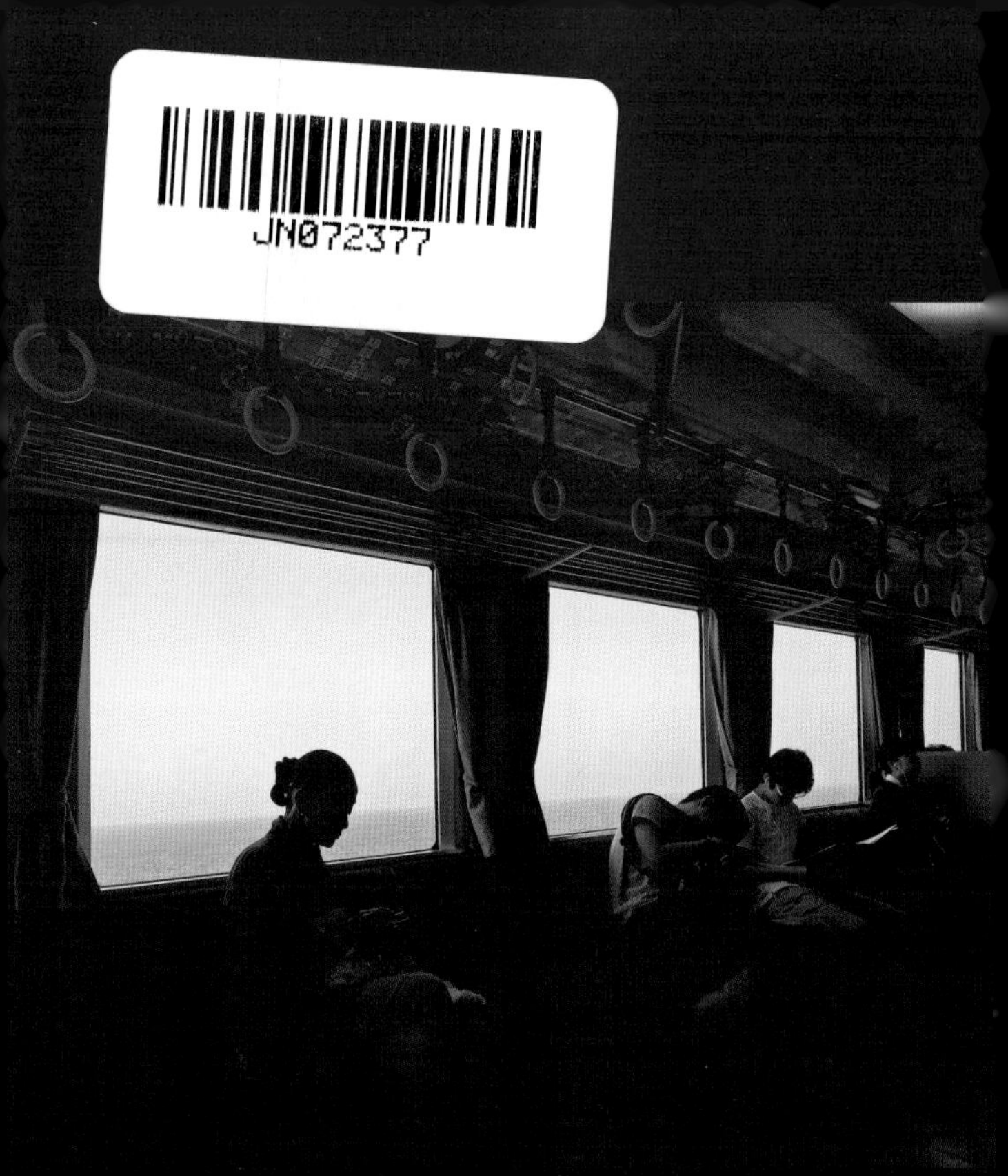

北海道網走市／北浜／北海道旅客鉄道／(JR北海道)釧網《せんもう》本線
[開業] 1924年11月15日　[キロ程] 11.5km(網走起点)
[駅員] 0人　[平均乗降客数] 26(人/日)　[眺海度] ★★★★

---

冬は海岸を埋め尽くす「流氷の名所」として知られている。ホーム脇には「北浜駅展望台」が設置されており、オホーツク海の沖合、知床連山を遠望できる。レトロな駅舎内の壁面は、旅行者が「訪問の足跡」として貼った名刺や切符で、びっしり埋まっている。

北海道伊達市／舟岡町／北海道旅客鉄道／(JR北海道)室蘭本線
[開業] 1987年4月1日　[キロ程] 57.4km(長万部起点)
[駅員] 0人　[平均乗降客数] 192(人/日)　[眺海度] ★★★★★

---

相対式ホーム2面2線を有し、海側のホームは海岸ギリギリに位置。晴れた日には内浦湾を挟んで遠くの駒ヶ岳(1131m)を眺めることができる。北西側(伊達紋別方面)には、活火山の有珠山(733m)も眺められる。

礼《れ》文華《ぶんげ》海岸を望める駅 — 北海道

## 03 大岸駅

北海道虻田郡／豊浦町大岸／北海道旅客鉄道／(JR北海道)室蘭本線
[開業] 1928年9月10日　[キロ程] 27.7km(長万部起点)
[駅員] 0人　[平均乗降客数] 20(人／日)　[眺海度] ★★

---

礼文～大岸駅は、断崖と奇岩が連なる景勝地(礼文華海岸)。大岸駅の近くには、ホタテの水揚げで有名な大岸漁港がある。駅周辺は海岸に沿って家屋が点在しているため海を一望することは難しいが、ホームの随所から内浦湾を眺めることができる。

待合室を抜けると海 — 北海道

## 04 石倉駅

北海道茅部郡／森町石倉町／北海道旅客鉄道／(JR北海道)函館本線
[開業] 1903年11月3日　[キロ程] 62.1km(函館起点)
[駅員] 0人　[平均乗降客数] 12(人／日)　[眺海度] ★★★

---

駅の待合室を出ると、すぐ海(内浦湾)が広がっており、雄大な駒ヶ岳を眺められる。駅の近くには、栄浜の漁港がある。海岸に沿った国道5号線は石倉駅の裏側(内陸側)を通っているため、駅周辺からは静かな海の景色を愉しめる。

青森県西津軽郡／深浦町大字驫木字扇田／東日本旅客鉄道／(JR東日本)五能線
[開業] 1934年12月13日　[キロ程] 76.0km(東能代起点)
[駅員] 0人　[平均乗降客数] ―　[眺海度] ★★★★

シケのときには波がかぶることもあるほど、海の間近に面している。驫木は、波の音が「ごうごうととどろく」ことから名づけられたといわれる。「轟」ではなく、3頭の馬を用いた珍しい表記。「青春18きっぷ」のポスター写真(2002年)にも用いられるなど、海の旅情あふれる駅として広く知られている。

岩手県九戸郡／洋野町有家／東日本旅客鉄道／(JR東日本)八戸線
[開業] 1961年12月25日　[キロ程] 45.8km(八戸起点)
[駅員] 0人　[平均乗降客数] ―　[眺海度] ★★★★★

単式ホーム1面1線を有し、ホーム上に待合室がある。東日本大震災によって被害を受けたが、2012年3月に営業を再開。有家集落は陸側に約500m離れているため、駅周辺は「何もない」雰囲気。駅前の砂浜は真っ白でさらさら。美しい波が立つサーフスポットとしても知られている。

日本屈指の清流が海にそそぐ駅 — 東北

岩手県下閉伊《しもへい》郡／普代《ふだい》村／三陸鉄道／北リアス線
［開業］1975年7月20日　［キロ程］51.4km（宮古起点）
［駅員］0人　［平均乗降客数］34（人／日）　［眺海度］★★★★

---

海を望む高台にある、単式ホーム1面1線の駅。ホームに小さな待合室がある。駅を挟んで、陸側に堀内集落、海側に漁港がある。NHK連続テレビ小説「あまちゃん」のロケ地（番組内では「袖が浜駅」）としても、有名。駅の北西には安家川《あっかがわ》橋梁があり、車窓から海と川を見下ろせる絶景ポイントになっている。

再生する海の駅 — 東北

宮城県牡鹿郡／女川《おながわ》町浦宿浜字浦宿／東日本旅客鉄道／（JR東日本）石巻線
［開業］1956年2月12日　［キロ程］42.4km（小牛田《こごた》起点）
［駅員］0人　［平均乗降客数］—　［眺海度］★★★

---

海（万石浦）に面する単式ホーム1面1線と、小さな待合室がある。東日本大震災の影響で、長らく浦宿〜女川駅が不通になっていたが、2015年3月に4年ぶりに復旧。海と線路の間には新しい防潮堤が築かれ、ホームは40cmほどかさ上げされた。

相模湾を一望できる駅 — 関東・中部

## 09 根府川駅

神奈川県小田原市／根府川／東日本旅客鉄道／(JR東日本)東海道本線
[開業] 1922年12月21日　[キロ程] 90.4km(東京起点)
[駅員] 0人　[平均乗降客数] 1214(人/日)　[眺海度] ★★

東海道本線(除支線)唯一の無人駅。海と山に挟まれた高台に、ホームと木造駅舎が佇んでいる。1923年9月1日の関東大震災では、大規模な地滑りが発生。駅舎やホーム、ホームに差しかかった列車(下り109列車)が海に転落するという、大きな被害が出た。駅構内には「関東大震災殉難碑」が建てられている。

日本海と粟島が見える駅 — 関東・中部

## 10 越後寒川駅

新潟県村上市／寒川／東日本旅客鉄道／(JR東日本)羽越本線
[開業] 1924年7月31日　[キロ程] 87.5km(新津起点)
[駅員] 0人　[平均乗降客数] 54(人/日)　[眺海度] ★★★

駅名の「寒川」《かんがわ》は、冷たい清水が流れるという意味で、近くを流れる蒲萄《ぶどう》川を指している。ホームから、日本海と約20km沖合に浮かぶ粟島が見える。海岸一帯は「笹川流れ」と呼ばれる景勝地(名勝天然記念物)で、日本海の荒波による奇岩や岩礁、洞窟など変化に富んだ景色が広がっている。

日本海にいちばん近い駅 — 関東・中部

新潟県柏崎市／大字青海川／東日本旅客鉄道／（JR東日本）信越本線
［開業］1899年7月28日　［キロ程］29.6km（直江津起点）
［駅員］0人　［平均乗降客数］—　［眺海度］★★★★★

---

相対式ホーム2面2線を有し、新しい待合室がある。「日本海にいちばん近い駅」として、全国的に知られている。2007年7月の新潟県中越沖地震では、崖の崩落により、ホームや線路が土砂で埋まる被害があったが、復旧工事により約2か月後に営業が再開された。

雨晴海岸の絶景駅 — 関東・中部

富山県高岡市／伏木国分／西日本旅客鉄道／（JR西日本）氷見線
［開業］1953年7月1日　［キロ程］9.0km（高岡起点）
［駅員］0人　［平均乗降客数］516（人／日）　［眺海度］★★★

---

単式ホーム1面1線を有し、ホームに小さな待合室がある。晴れた日には、ホームの端（北側）から富山湾を挟んで立山連峰（3000m級の山々）を遠望することができる。氷見線の越中国分～雨晴《あまはらし》駅は「絶景車窓」として知られ、雨晴海岸に浮かぶ男岩・女岩を車内から眺めることができる。

## 年に4日だけの臨時駅 — 近畿（二〇二〇年三月 廃止）

### ⑬ 池の浦シーサイド駅

三重県伊勢市／二見町松下／東海旅客鉄道／(JR東海)参宮線
[開業] 1989年7月16日　[キロ程] 25.4km(多気起点)
[駅員] 0人　[平均乗降客数] 10(人/日)　[眺海度] ★★★★★

夏季·海水浴客のための臨時駅。行楽·海水浴客が減少し、今や年間の営業日数は4日間のみ(2016年)。停車する列車本数も、1日上下各2本と極めて少ない。駅は単式ホーム1面1線のみで、ホームに待合室やベンチはない。干潟の海に面しているが、海水浴場(池の浦シーサイドパーク)は駅から約1km離れているため、歩いて15分ほどかかる。

## 熊野灘を望む山間の駅 — 近畿

### ⑭ 波田須駅

三重県熊野市／波田須町／東海旅客鉄道／(JR東海)紀勢本線
[開業] 1961年12月11日　[キロ程] 153.2km(亀山起点)
[駅員] 0人　[平均乗降客数] 44(人/日)　[眺海度] ★★

単式ホーム1面1線を有する、山間の駅。上り下り両方向ともトンネルに挟まれている。駅周辺には棚田が広がっており、ホームからは熊野灘が見わたせる。波田須には徐福の伝説が残る。秦の始皇帝の命により「不老長寿の薬」を探していた徐福が、ここ波田須に上陸したといわれている。

海の賑わいを偲ぶ駅 — 近畿

和歌山県東《ひがし》牟《む》婁《ろ》郡／那智勝浦町大字二河／西日本旅客鉄道／（JR西日本）紀勢本線
［開業］1935年7月18日　［キロ程］197.8km（亀山起点）
［駅員］0人　［平均乗降客数］14（人/日）　［眺海度］★★★★

島式ホーム（1面2線）の目の前には、湯川海水浴場の砂浜が広がる。広々とした長いホームから地下通路を抜けると、コンクリートの立派な駅舎がある。かつては、急行「きのくに」や一部の特急「くろしお」が停車するなど、行楽客で賑わっていた駅。

枯木灘海岸を望める駅 — 近畿

和歌山県東牟婁郡／串本町和深／西日本旅客鉄道／（JR西日本）紀勢本線
［開業］1940年8月8日　［キロ程］236.4km（亀山起点）
［駅員］0人　［平均乗降客数］52（人/日）　［眺海度］★★★★

ホームから海（枯木灘）を一望できる。駅の背後は山が迫《せ》り出し、近くには和深川が流れている。2016年3月、海側のホーム脇に高さ1.5mの石彫オブジェ「たまご」が、アートプロジェクトの一環として設置された。

## ⑰ 鎧駅

兵庫県美方郡／香美町香住区鎧字タルビ／西日本旅客鉄道／（JR西日本）山陰本線
［開業］1912年3月1日　［キロ程］185.4km（京都起点）
［駅員］0人　［平均乗降客数］24（人／日）　［眺海度］★★★★

---

ホームの脇に「海を見下ろすベンチ」が設置されており、鎧港や日本海を見わたせる。港は古くから天然の良港として栄え、1951年には港と駅の間にケーブル（魚類運搬車軌道）が敷かれた。かつてはサバなどを積んだ台車をケーブルで駅に運び、貨物列車で出荷していた。今もケーブル跡が駅近くの土手に残っている。

## ⑱ 大山口駅

鳥取県西伯《さいはく》郡／大山町国信／西日本旅客鉄道／（JR西日本）山陰本線
［開業］1926年9月17日　［キロ程］308.8km（京都起点）
［駅員］0人　［平均乗降客数］400（人／日）　［眺海度］★★

---

中国地方の最高峰・大山《だいせん》（1729m）の玄関口となる駅。海岸までは約1.5kmと離れているが、駅の北側は一面に水田が広がっているため、ホームからは日本海が「近くに」見える。相対式ホーム2面2線を有し、コンクリート造りの駅舎がある。駅前からは、大山の登山口に向かうバスが発着する。

風景と人が溶け合う駅 — 中国

島根県出雲市／多伎町口田儀／西日本旅客鉄道／(JR西日本)山陰本線
[開業] 1915年7月11日　[キロ程] 404.0km(京都起点)
[駅員] 0人　[平均乗降客数] 106(人/日)　[眺海度] ★★★

---

ホームから国道9号線を挟んで、日本海を眺められる。駅舎は2005年に真新しいログハウス風に改築されている。2016年1月、駅裏手の崖が崩れ、駅構内に土砂が流入した。そのため、島式ホーム1面2線のうち1線が長らく使用できなくなっていたが、同年7月30日に復旧。

鳴き砂に出会える駅 — 中国

島根県大田《おおだ》市／仁摩《にま》町馬路／西日本旅客鉄道／(JR西日本)山陰本線
[開業] 1918年11月25日　[キロ程] 431.9km(京都起点)
[駅員] 0人　[平均乗降客数] 22(人/日)　[眺海度] ★★

---

鳴き砂で有名な琴ヶ浜への最寄駅。島式ホーム1面2線を有し、ホーム上に小さな待合室がある。ホームの端(西側)から、美しい砂浜(琴ヶ浜)が見える。世界遺産に登録された石見銀山にも近く(直線距離で約6km)、産出した銀を船で積み出した旧港の鞆《とも》ヶ浦《がうら》を遠望することができる。

## 21 折居駅

島根県浜田市／西村町／西日本旅客鉄道／(JR西日本)山陰本線
[開業] 1924年4月1日　[キロ程] 487.6km(京都起点)
[駅員] 0人　[平均乗降客数] 16(人/日)　[眺海度] ★★★★

島式ホーム1面2線を有し、ホームと木造駅舎は跨線橋で結ばれている。待合室を出ると、目の前に日本海が広がる。西方の約13km沖合には、1975年に全島民が離島して無人化した高島が浮かんでいる。陽が沈むと、高島の灯台の灯りが駅前から見える。

## 22 木与駅

山口県阿武郡／阿武町大字木与字鎌所／西日本旅客鉄道／(JR西日本)山陰本線
[開業] 1931年11月15日　[キロ程] 555.6km(京都起点)
[駅員] 0人　[平均乗降客数] 2(人/日)　[眺海度] ★★

相対式ホーム2面2線を有し、コンクリートの簡易な駅舎がある。駅前の国道191号線を横切ると、すぐに海岸線(北長門海岸国定公園)に出られる。野島(約1.5km沖)と宇田島(約5km沖)が、ポツンと浮かんでいる(いずれも無人島)。木与集落の家屋は(駅近くの)国道沿いに点在しているが、1日の平均乗降客数は2人と極めて少ない。

日本海が見える山間の駅 — 中国

山口県萩市／大字三見字前水無／西日本旅客鉄道／(JR西日本)山陰本線
［開業］1964年1月21日　［キロ程］588.1km(京都起点)
［駅員］0人　［平均乗降客数］20(人／日)　［眺海度］★★★

萩市の最西端に位置し、単式ホーム1面1線を有する。ホームには小さな待合室が設けられている。駅は集落を見下ろす山間の高台にあり、細いスロープが集落へと通じている。集落を流れる小さな川(水無浴)の西側は長門市、東側は萩市に分かれている。

海水浴場に最も近い駅 — 四国

徳島県海部郡／美波町田井／四国旅客鉄道／(JR四国)牟岐《むぎ》線
［開業］1987年4月1日　［キロ程］45.7km(徳島起点)
［駅員］0人　［平均乗降客数］4(人／日)　［眺海度］★★★★★

夏季のみ営業する臨時駅。2016年は夏季23日間営業し、1日上下各4本の列車が停車。単式ホーム1面1線を有し、ホームには上屋のあるベンチが置かれている。ホーム脇には、2階建ての監視小屋(海水浴場の安全監視員用)が建っている。田井ノ浜海水浴場と駅は、徒歩0分で直結。

愛媛県伊予市／双海町大久保／四国旅客鉄道／（JR四国）予讃線
［開業］1935年6月9日　［キロ程］222.4km（高松起点）
［駅員］0人　［平均乗降客数］62（人／日）　［眺海度］★★★★★

---

「青春18きっぷ」ポスターや映画などのロケ地として、広く知られる絶景駅。単式ホーム1面1線を有し、小さな木造駅舎がある。ホームに設けられた上屋のある木造ベンチから、海（伊予灘）を広く見わたせる。沖合（約13km）には「猫島」として有名になった青島が浮かんでいる。

高知県須崎市／安和／四国旅客鉄道／（JR四国）土讃線
［開業］1939年11月15日　［キロ程］173.6km（多度津起点）
［駅員］0人　［平均乗降客数］38（人／日）　［眺海度］★★★★★

---

単式ホーム1面1線を有し、小さな待合室がある。ホームから雄大な太平洋（土佐湾）を見わたせる。駅のすぐ近くにある安和海岸は、約500mにわたる美しい砂浜。山手には名産のビワ畑が広がっている。

## 27 小長井駅

長崎県諫早《いさはや》市／小長井町小川原浦／九州旅客鉄道／(JR九州)長崎本線
[開業] 1934年12月1日　[キロ程] 82.3km(鳥栖《とす》起点)
[駅員] 0人　[平均乗降客数] 283(人／日)　[眺海度] ★★★★

---

ホームから有明海に広がる干潟を見わたせる。海を挟んで島原半島の雲仙岳(普賢岳1359mなど)も見える。島式ホーム1面2線を有し、跨線橋がホームと簡易駅舎を結んでいる。駅舎はペンション風の建物で、国道207号線に面している。

## 28 千綿駅

長崎県 東《ひがし》彼杵《そのぎ》郡／東彼杵町平《ひら》似《に》田《た》郷《ごう》／九州旅客鉄道／(JR九州)大村線
[開業] 1928年4月20日　[キロ程] 24.0km(早岐《はいき》起点)
[駅員] 0人　[平均乗降客数] 205(人／日)　[眺海度] ★★★★★

---

単式ホーム1面1線を有し、ホームは海岸に沿ってゆるやかにカーブしている。そのためホームは傾斜をつけて設けられており、列車は海側へ少し傾く状態で停車する。ホームから美しい大村湾を一望できる。駅舎は昔の面影を保ちながら、美しく改築されている。

長崎県島原市／有明町大三東《おおみさき》丙《へい》／島原鉄道／島原鉄道線
［開業］1913年5月10日　［キロ程］34.1km（諫早起点）
［駅員］0人　［平均乗降客数］81（人／日）　［眺海度］★★★★★

---

相対式ホーム2面2線を有し、両ホームに簡易な待合室がある。海側ホームのすぐ先は、干潟が広がる有明海。ホームから護岸を伝っていけば、容易に浜辺に下り立つことができる。有明海は日本最大の干満差があるため、駅から眺める「海の表情」は時間帯によって大きく変化する。

宮崎県宮崎市／大字内海／九州旅客鉄道／（JR九州）日南線
［開業］1963年5月8日　［キロ程］19.9km（南宮崎起点）
［駅員］0人　［平均乗降客数］8（人／日）　［眺海度］★★★

---

単式ホーム1面1線を有する駅。ホームには上屋のあるベンチが置かれている。少し高台にホームがあるため、日南海岸を見下ろせる。駅の急な階段を下り、国道220号線を横切ると海岸線に出られる。周辺の浜には、奇形《きけい》波《は》蝕《しょく》痕《こん》と呼ばれる「洗濯板」のような隆起海床が広がっている。

河出文庫

# 海の見える無人駅

## 絶景の先にある物語

清水浩史

河出書房新社

# はじめに

海の見える無人駅は、どこか島に似ている。

海に面して駅舎やホームがポツンと佇む姿は、まるで大海原に浮かぶ孤島のよう。

海と駅の他には何もない。

そんな無人駅を訪れると、時間が止まっているかのように感じる。

島と同じく、ゆるやかな時間が流れている。


海の見える無人駅――。

いったい、そこにはどんな風景と暮らしがあるのだろう。

本書では日本全国にある鉄道の駅を訪ね歩き、情緒あふれる三〇の「海の見える無人駅」を厳選した。ここでは海の見える無人駅を次のように定義したい。

・駅のホームから海が見える（美しい磯や浜が見える）
・ホームからの眺めが優れている（視界が開けている、海を取り巻く絶景がある）
・レトロな雰囲気がある（木造駅舎や古いベンチなど、鄙《ひな》びた駅の佇まい）
・駅員がいない（無人駅）
・ひっそりとした趣きがある（駅の周辺に大きな人工物がなく、静けさがある）
・駅周辺に知られざる場所や物語がある（駅から「その先の旅」ができる）

おおよそ要約すると、「海を一望できる駅」かつ「旅情をそそる無人駅」となる。

海は愉しい。でも、週末に車で長距離運転をするのは、ときには億劫《おつくう》なもの。あるいは海のレジャーとして、ダイビング器材やサーフボードといった重い道具を持ち運んだりするのも、ときには面倒。はたまた、航路や空路を使って海や島を旅するのも、そこそこ時間と事前の準備を要する。

その点、鉄道はいい。思い立ったら気軽に旅立てる。時刻表とカメラをカバンに詰め込めば、さしたる準備や計画がなくても身軽に出かけられる。

列車の道中も愉しい。読みたかった本を読み進めたり、車窓を眺めてはビールを飲んだり、うとうと眠ったり。そうして列車に身を委ねれば、海の見える無人駅に辿りつく。もしかすると、もうすぐ陽が暮れようとしているかもしれない。それでも、駅から眺める景色は格別だ。目の前には、青い海と空が広がっている。平凡な一日が、急に鮮やかなものに変わっていく。

駅から目にする光景は、なぜか胸をキュッと締めつける。懐かしき遠い日を思い出すからなのか、誰もいない景色が淋しさを喚起するからなのか。

駅のベンチで、ずっと海を眺めたり、ちょっと物思いに耽ったり。ときには、来し方行く末に思いを馳せたり……。

おそらく列車の本数が少ないので、待ち時間はたっぷりある。ホームから海を眺めて、日ごろの「澱《おり》のようなもの」を洗い流そう。

駅を旅の目的地とすれば、そこが旅の「終着駅」になる。しかし本書では、目の前の海から見えてくるもの、駅の周辺から見えてくるものに旅を広げていきたい。

駅がある。海がある。そこから目を凝らせば、もっと多くのものが見えてくる。何もない（ように思える）場所が、多くのことを語りかけてくる。いうなれば、降り立った駅が「始発駅」になる。

そんな「海の見える無人駅」へ旅立とう。

01 北浜駅
02 北舟岡駅
03 大岸駅
04 石倉駅
05 驫木駅
06 有家駅
07 堀内駅
10 越後寒川駅
08 浦宿駅
11 青海川駅
12 越中国分駅
09 根府川駅

目次

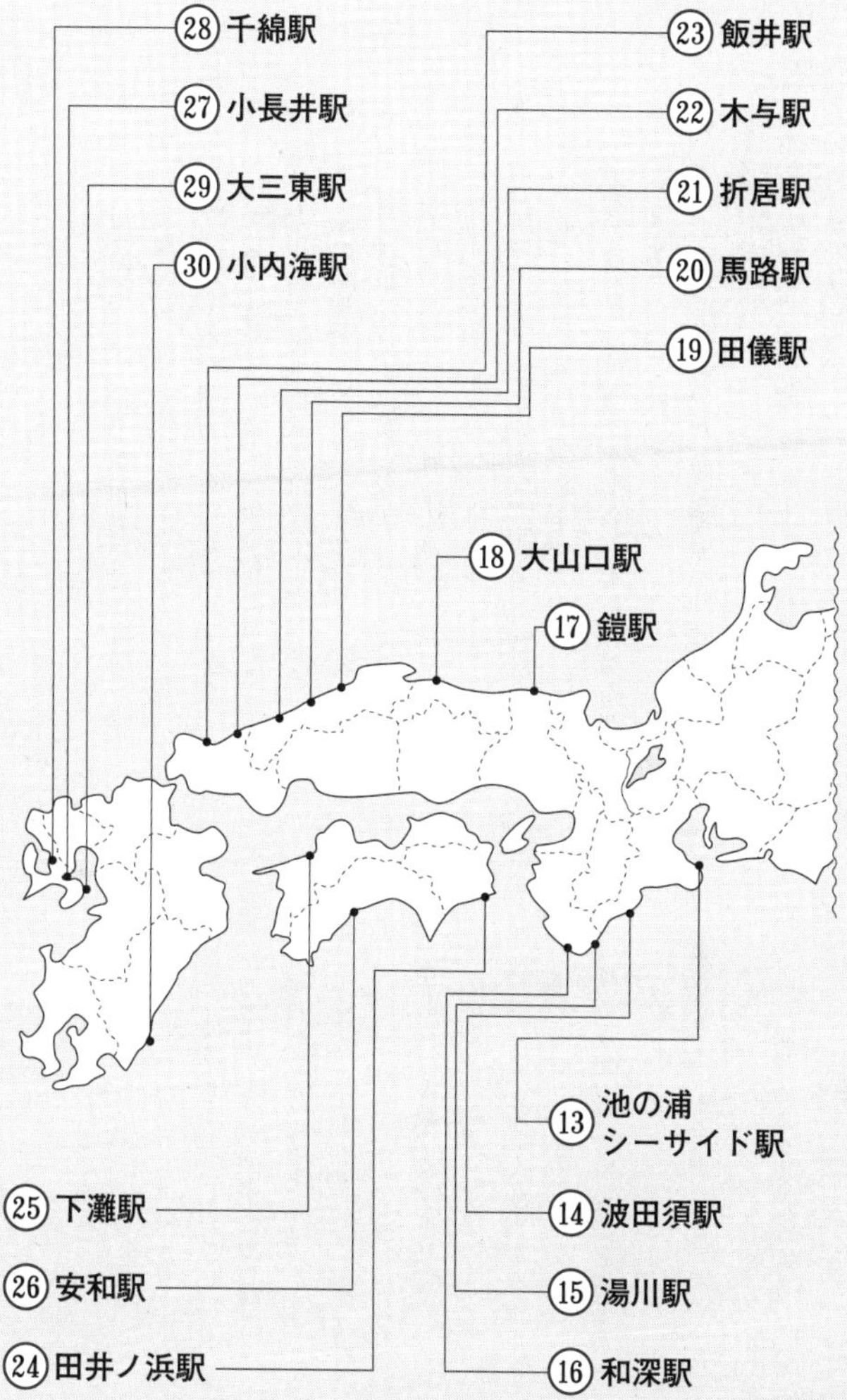

㉘ 千綿駅
㉓ 飯井駅
㉗ 小長井駅
㉒ 木与駅
㉙ 大三東駅
㉑ 折居駅
㉚ 小内海駅
⑳ 馬路駅
⑲ 田儀駅
⑱ 大山口駅
⑰ 鎧駅
⑬ 池の浦シーサイド駅
㉕ 下灘駅
⑭ 波田須駅
㉖ 安和駅
⑮ 湯川駅
㉔ 田井ノ浜駅
⑯ 和深駅

# 凡例

・本文の引用文中の〔 〕は、引用者による補足を示す。
・本書の掲載地図は、国土地理院「電子国土Web」を参考にして作成した。
・各駅の開業日は、『全国駅名事典』（星野真太郎著・前里孝監修、創元社）を参照した。
・各駅の平均乗降客数は、「国土数値情報　駅別乗降客数データ（国土交通省国土政策局国土情報課）」（平成二七年度版）より掲載。ただし、該当データのなかった駅については以下の通りとする。
・越後寒川駅の平均乗降客数は、JR東日本「各駅の乗車人員（平成一八年度・一日平均）」の数字を（乗車人員と降車人員を同数と仮定して）二乗した。
・根府川駅の平均乗降客数は、神奈川県勢要覧（平成一九年度）「鉄道乗車人員」の数字を二乗し三六五で除した。
・池の浦シーサイド駅と波田須駅の平均乗降客数は、三重県統計書（平成二八年）「JR各駅別旅客乗車人員」の数字をそれぞれ二乗した。
・小長井駅と千綿駅の平均乗降客数は、長崎県統計年鑑（平成二七年）「鉄道運輸」の乗車人員と降車人員の数字を加え、三六五で除した。
・小内海駅の平均乗降客数は、宮崎県統計年鑑（平成二七年度）「鉄道輸送実績（一日平均・乗車人員）」の数字を二乗した。
・驫木駅、有家駅、浦宿駅、青海川駅の各駅（平均乗降客数）については、該当データを把握できないため、掲載していない。

# 海の見える無人駅

## 絶景の先にある物語

# 01 北浜駅

## ——北海道・釧網本線

### 流氷を追って

流氷は気まぐれだ。

ついつい海にびっしりと埋め尽くされた流氷を想像してしまうが、実際にはなかなかそんな光景には出会えない。「流氷接岸初日」が観測されても、流氷がどんどん岸へと押し寄せるわけではなく、沖へ離れたり接岸したりを繰り返す。

三月の上旬。天気予報と流氷情報をチェックして、早朝の北浜《きたはま》駅に着いた。

そこは、一面に広がる真っ白な流氷——。

ではなくて、青々とした強い波がごうごうと押し寄せていた。海の青さは濃く、群青色をしている。沖合に目を凝らしても、流氷はまったく見えない。

北浜駅

気を取り直して、午後にもういちど北浜駅に降り立つと、今度は駅前の浜辺が真っ白だ。北風と強い波がどんどん流氷を運んできて、青い海はほとんど流氷に埋め尽くされようとしていた。

今朝とは全然違う光景に驚いてしまう。流氷の海は、こんなにも刻一刻と変化していくのかと。

ここ北浜駅は、「オホーツクにいちばん近い駅」として、かねてより多くの旅人を魅了してきた。とくに駅から流氷を眺められるというのが、最大のウリ。ホーム脇にある「北浜駅展望台」に上ると、オホーツクの沖合や遠くは知床連山まで眺められる。

外気で身体が冷えてしまったら、駅舎内にある喫茶「停車場」に向かおう。あたたかい珈琲や軽食にありつける。

駅舎を出て、汀《みぎわ》に下りてみよう。

線路沿いの国道二四四号線を四〇〇メートルほど斜里《しゃり》方面に歩いて行くと、海岸へ出る踏切（北浜構内踏切）がある。この踏切は、全国屈指の「絶景踏切」かもしれない。踏切の先は、もうオホーツク海。その他は、何もない。いわば踏切は、あちら側（非日常）とこちら側（日常）を結ぶ「橋」だ。

踏切を渡ると、広い世界に包まれる高揚感。「別の世界」にポンと放り込まれたかのよう。

澄み切った空と流氷の海が、青と白のコントラストをつくり出す。流氷がどんどん押し寄せる白い海は、陽射しが強く反射してまぶしい。沖合の青い海は、徐々に白一色へと変わっていく。

「いつか流氷も見られなくなるかもしれないし、さ」

と、浜辺で出会った網走市に住むおじさんはいう。

毎年、仕事の合間合間に流氷を観察しているそうで、流氷が（体感として）年々減っていることを憂いていた。以前ならば、この時期の北浜駅周辺はびっしりと流氷に埋め尽くされ、長い期間ガチガチに固まっていたという。

北浜構内踏切

そう、確かに流氷は年々出会いにくくなっている。

網走の流氷期間（流氷初日から流氷終日までの期間）を見てみると、毎年増減を繰り返しつつも、やや減少傾向にある（網走市ホームページ「網走の流氷と漁業」参照）。実際、北浜駅を訪れた二〇一六年の冬も「異常」だった。網走の地方気象台によると、一九五九年からの観測史上「最も遅い流氷接岸（二月二二日）」の年となった。杞憂《きゆう》であればいいが、流氷はもしかすると「絶滅危惧種」なのかもしれない。

## 流氷の民——オホーツク文化人

将来、もし流氷が見られなくなったら、失われるのは環境だけではない。遠い過去への想像力までもが、失われてしまう。

ぐんぐん時代を遡ってみよう。

五〜一三世紀ごろ——。

北海道のオホーツク海沿いでは、オホーツク文化が芽生えていた。

それは、アイヌ民族の祖先とも異なる文化で、わかりやすく捉えると、イヌイット（エスキモー）のような北方文化。そこでは、海獣狩猟や漁労を中心とする生活が営まれていた。オホーツク文化人は、サハリン（樺太）から南下して渡来し、北海道オホーツク沿岸に広がっていた。

オホーツク文化人は、五角形か六角形の竪穴式の住居を海沿いに構え、草の屋根をかぶせて寒気を防いだ。海に出ては、クジラやオットセイ、流氷上のアザラシやトドなどを獲った。

オホーツク文化は、まだまだ謎が多いが、自らの集団だけで完結していたのではなく、広く交易も行っていたという。サハリンのオホーツク文化人や、北海道の擦文《さつもん》文化人、古代本州などに向けて、海獣や魚の皮、油などを交易品にしていたと考えられている（「考古学からみたオホーツク文化の毛皮交易」『環境変化と先住民の生業文化』参照）。

北浜駅から列車で一五分ほど揺られると、終点の網走駅に着く。網走市街には、オホーツク文化人が暮らしていたモヨロ貝塚がある。その遺跡からは、竪穴式住居や埋葬された人骨、土器や石器など多数が発掘された。モヨロ貝塚には博物館が併設されており、発掘された品々が展示されている。

オホーツク文化人は、縄文人とは容貌も生活スタイルもまったく異なる人々だった。博物館では、発掘された人骨から想像される、オホーツク文化人の復元像が展示されている。

それによると、顔の特徴は次のようになるという。

「ほほが張り出す」「まぶたが厚い」「鼻は低い」……。

なんとも自分自身の特徴と酷似している。

とくに謎なのは、このオホーツク文化が（諸説あるものの）一三世紀ごろに北海道から忽然と消えてしまったこと。オホーツク文化人は、いったいどこへ行ってしまったのか。

博物館でも記されていたように、多数派となっていた縄文人の子孫（アイヌ）の文化に同化していったのではないかと、今日では考えられている（多数派がオホーツク文化を吸収）。

オホーツク文化人は、その生活圏がオホーツクの流氷域と重なっていたため、「流氷の民」とも呼ばれている。モヨロ貝塚に暮らしていたオホーツク文化人は、きっと北浜駅がある海岸にも漁に出ていたことだろう。流氷がびっしりと押し寄せる季節になると、陸上の雪を避けて、海の上を歩いたことだろう。

旅を終えてからも、インターネットで北浜駅周辺の流氷情報をチェックしつづけた。北浜駅を訪れた次の日こそが、流氷がびっしりと覆い尽くす「ベストの日」となったことを知り、思わず落胆してしまう。あともう一日だけ、現地に滞在すべきだった、と。しかし、そのまた翌日には流氷はサッと姿を消し、もうそれ以降は岸に近づくことはなかった。

流氷との出会いは難しい。しかも、別れも突然やってくる。流氷が姿を消すときは、本当にあっという間に消えてしまう。あたかも「流氷の民」が、忽然と消えてしまったように。

# 02 北舟岡駅
## ——北海道・室蘭本線

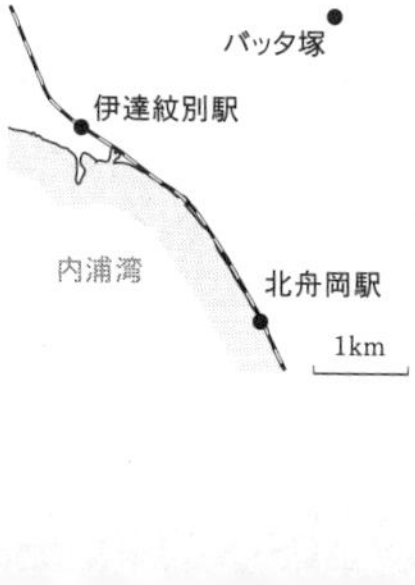


### 「海に浮かぶ」駅

ホームに降り立つと、もう海の気配しかない。内浦湾（噴火湾）から響く、波の音。海側ホームの先はすぐ海で、ホームに立っていると、なんだか海に浮かんでいるような感覚になる。南に目を凝らせば、富士山のような（広い裾野の）駒ヶ岳が遠くに見える。

北舟岡《きたふなおか》駅を訪れたのは、二月の中旬。

ホームには冷たい海風が、びゅうびゅうと吹きつけてくる。ホームの脇に小さな待合室があるのは、何より助かる。寒い日は、待合室を出たり入ったりしながら、海を眺めよう。

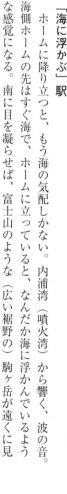

駅から少し離れたところには新興住宅街が広がっているものの、駅前には何もない。舗装されていない駅前広場に、ポツンと小さな待合室と厠《かわや》が佇んでいるのみ。

海を眺めた後は何をしよう……。

と、あれこれ事前に調べていると、「バッタ塚」(伊達市幌美内町《ほろびない》)なるものが近くにあることを知った。バッタ塚とは、駆除したバッタの死骸や卵を集めて埋めた、バッタのお墓のこと。明治時代、十勝地方ではしばしばバッタが突如大発生し、北海道各地で蝗害《こうがい》をもたらしていた。

この大発生したバッタというのは、トノサマバッタのことで、体長は六センチにもなる。

一八八〇年の夏、伊達市の畑はバッタの大群に襲われて、大凶作に見舞われた。みるみるうちに空は暗くなり、草木や畑の緑はほとんどなくなってしまったという(バッタの大発生は一八八四年まで繰り返し起こった)。

当時バッタが大発生したのは、北海道の開拓が進んでいたためだ。森林が伐採され、道内各地に畑や草原が広がるにつれて、バッタの食草や産卵に適した環境が広がっていた。

もちろん、当時は殺虫剤などなく、バッタの駆除はまさに人海戦術。溝に水と油を流してバッタを追い込んだり、網で捕らえた。その他にも、火を放ったり、異臭を出

北舟岡駅

すものを燃やしたり、大きな音を出したり……と、あらゆる方法が用いられた。こうして、農民が捕らえたバッタや卵塊は土中に埋められ、バッタ塚はつくられた（「バッタ塚と応用昆虫学の誕生」『函館短期大学紀要』参照）。

　そして、一八八四年の秋。長雨によって卵塊が死滅した。バッタ駆除の効果も現れ、ようやくバッタの大量発生は終息した――。

## バッタ塚へ

　伊達市にあるバッタ塚の最寄駅は、ここ北舟岡駅。でも五キロほど離れているため、隣の伊達《だて》紋別《もんべつ》駅からタクシーに乗った。運転手は「バッタ塚（に行きたい）なんて珍しい……。観光客はもちろん、地元の人もまず行かないから」という。

　市街を離れ、丘の上にある霊園（伊達市霊園）に着く。墓地の一角は、「何もない」平地だ。低い柵で囲われ、雪が積もっている。その中に説明板がポツンと建ち、ここがバッタ塚である旨を伝えている。焼き殺したバッタをここに集めて供養をした、と。

　バッタ塚といっても、集めたバッタを穴に埋めて、お墓のように盛土をしただけ（土饅頭）であるから、何か観光的なオブジェがあるわけでもない。でも、その「何もない」ことが生々しくもある。農作物を食い荒らす害虫ではあったが、単に処分するのではなく塚にしたというのは、昆虫という小さな生きものに対しても、どこか慈悲の念があったのだろう。バッタの霊を慰め、「もう大発生しないでください」と。それとも、「どうか祟《たた》らないで」と願う気持ちだったのか。

　伊達市の文化財に指定されていることからも、このバッタ塚が大切に扱われてきたことがわかる（厳密には、このバッタ塚は近くのバッタ塚跡から霊園に移設されたもの）。それは、開拓者の苦闘を忘れまいとする意志だろう。

　しかし、今や多くのバッタ塚は忘れ去られようとしている。バッタ塚は、十勝地方やバッタの移動経路にあった日高、胆振《いぶり》、石狩の各地方にも多数あったものの、今やその大半は風化して、確認することが難しい状況にあるという。現存しているのは、新得《しんとく》町新内《にいない》や札幌市手稲区（手稲山口）など、わずか四か所だけになっている（同前

バッタ塚（伊達市）

北舟岡駅の夕景

参照)。

バッタ塚を後にして、北舟岡駅まで歩いてみる。雪道ということもあって、一時間以上も歩く。ようやく駅に近づいて、真っ直ぐなゆるい下り坂に出ると、遠くに北舟岡駅のホームが見える。ホームの背後には、海がきらきらと輝いている。

北舟岡駅のホームに、長万部《おしゃまんべ》行きのディーゼルカーが滑り込んでくる。車内に乗り込むと、暖房が心地よい。今、こうして北海道を気楽に旅することができるのは、開拓者が積み重ねた「汗の歴史」があってこそ。

夕刻、遠くの駒ヶ岳が、茜色の空にシルエットをくっきりと浮かび上がらせている。

# 03 大岸駅
## ——北海道・室蘭本線

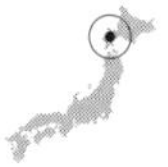

### 待合室の井戸端会議

「新幹線、新幹線って……」

周辺の散策を終えて大岸《おおきし》駅の待合室に戻ると、列車を待つおばあさんたちの「井戸端会議」が行われていた。小さな待合室に、賑やかな声が響きわたる。

大岸駅を訪れたのは、北海道新幹線の開業を控えた二〇一六年の二月中旬のこと。

北海道の話題は、当時「新幹線開業一辺倒」になっていたため、「（新幹線のことよりも、私たちの）大岸駅はどうなるのか」ということが、井戸端会議のお題目になっていた。

というのも、北海道新幹線開業にともなうダイヤ改正（二〇一六年三月二六日）では、この室蘭本線に「大ナタ」が振るわれようとしていた。JR北海道は「ご利用の少ない列車や駅の見直し」を唱えて、不採算列車の本数削減と廃駅（八つの駅）を予定していた。ここ室蘭本線では豊浦〜長万部駅の利用客が少なく、その区間に該当する大岸駅では、列車本数の見直し（削減）が予定されていた。

「（今到着を待っている朝九時台の）この列車もなくなるんだって。もう朝（の下り）は六時台しかなくなってしまうって」

と、ダイヤ改正後の「改悪」に、井戸端会議は白熱する。

「どうして、そんなひどいことすんの」

「これから病院へ行くには、いったいどうしたらいいの」

みんなが、次々に不安を口にする。

「ウチらはクルマは運転できないし。○○さんは、まだ若くて運転できるからいいけっど」

「いやいや、私だってさ、もう雪の道は運転ムリだから」

さらに話は、「秘境駅」として有名な小幌《こぼろ》駅（室蘭本線）へと広がっていく。

「なんでさ、あの小幌駅が存続なのに、大岸駅はこうなのかね」

小幌駅は、大岸駅から西へ二つ離れた「住んでいる人もいなければ、日常で利用する人もいない駅」だ。JR北海道は、「極端に利用が少ない」として廃止する方針だっ

大岸駅

た。しかし、利用者が少ないゆえに「日本一の秘境駅」として人気を博していたため、地元豊浦町が観光資産として、駅の存続を模索。そして、豊浦町が小幌駅に関する維持管理費用を負担するという形での存続が決まった。当面一年間の協定で、費用負担は年間約五〇〇万円にのぼる（以降は協議・更新）。

その際、町長は（小幌駅の存続と合わせて）室蘭本線の列車本数も減らさないよう、ＪＲに陳情していたという。しかし、ＪＲ北海道は小幌駅の存続は（豊浦町による負担があるため）採用し、列車本数に関しては予定通り削減した。

ここで、二〇一六年三月二六日に実施された、ダイヤ改正を見てみよう。

大岸駅発（下り列車）時刻――ダイヤ改正前

6：06　6：51　7：20　9：27　13：51　15：52　18：07　20：44

大岸駅発（下り列車）時刻――ダイヤ改正後

6：05　6：58　15：55　19：58

改正前後のダイヤを見比べてみると、下り列車は八本あったものが、四本に半減している。もうスカスカのダイヤ、だ。大岸駅の場合は、とくに下り列車が重要になる。買い物や通院客の多くは、近くの洞爺《とうや》駅や伊達紋別駅まで（下り）列車を使うので、朝の下り列車が六時台の二本しかなくなったというのは、本当に酷な話だ。

待合室でも話題になっていたが、六時台の列車で目的地に向かっても、スーパーや病院が開く時間までは長い時間をつぶさなければならない。そのため、生活路線としては「使えるもの」ではなくなってしまう。地元学生の最低限の通学路線として、ダイヤを組んでいるような様相だ。

## 廃駅は人為的につくられる？

大岸駅の島式ホームには、パラソル型の上屋があって、そこから海が見える。

大岸駅から隣の礼文《れぶん》駅までは、断崖と奇岩が連なる礼文華《れぶんげ》海岸になっている。冬場は雪が積もって、なかなか浜辺には近づけないが、変化に富んだ海岸線が美しい。駅の近くの港では、多くの釣り師が竿を垂れていた。訊いてみると、子持ちのチカ（ワカサギに似た魚）を狙っていて、フライや天ぷらにすると、すごく美味しいとのこと。

そんなのどかな光景が広がっていた駅は、以降どうなったのだろう。

そう、あの日（ダイヤ改正前）、みんなで待っていた九時二七分発の下り列車（東室蘭行き）は、今はもうない。それにともなって、大岸駅の井戸端会議も消えてしまったのだろうか。

あの日の待合室には、おばあさんが五名いた。さらに列車がホームに滑り込んできた際には、平日のため学生も三名ホームにいた。小さな駅としては、決して「少ない乗客」ではなかったはずだ。

そして、あの日の下り列車に乗ったおばあさんらは、私と同じく洞爺駅で降りた。洞爺駅の跨線橋を上る。おばあさんらは、そのとき急に歩くスピードが落ちる。手すりをしっかり握って、階段に足を運ぶ。一歩一歩、ゆっくりゆっくり。待合室では、大きな話し声だったので、まだまだ「若い」と思い込んでいたが、寄る年波は足腰に忍び寄る。その光景を目にすると、なおさら当時のダイヤ改正が恨めしかった。やはり高齢者にとって、鉄道は生命線だ。

鉄道の公共性って、いったいなんだろう。北海道をはじめとして、各地でローカル線や寂れた駅が廃止されていく。しかし、廃止というのは、過疎化で利用する人が著しく減って廃止になるだけではない。列車の本数が極端に少なくなって、（利用したくても）利用しづらくなって、さらに駅を使う人がいなくなるという悪循環もある。それは合理化のもとで駅の利用価値（利便性）が薄められて、やがて路線や駅が廃止になるという側面だ。いうなれば、事業者側によって「つくられる廃線」「つくられる廃駅」ともいえるだろう。

とはいえ、今やJR北海道の経営状況は深刻だ。JR北海道は二〇一六年一一月に「（収支悪化により）当社単独では維持することが困難な線区」を発表した。該当する線区は一三にもおよび、道内営業区間の半分以上は存続の危機に直面している。この資料を要約すると「儲かる路線の安全性を最優先します。経営的に限界なので、儲からない路線や駅はどんどん廃止。さもなくば（先述した小幌駅のように）地元が維持管理費を負担してください」ということになるのだろう。

結果的には、第三者委員会（JR北海道で相次いだ事故や不祥事を受けて設置された、JR北海道再生推進会議）での議論が、皮肉にもJR北海道を追いつめる形となってしまった。これまでのJR北海道における過失や経営責任を問い、第三者委員会が安全を最優先するための経営方針を提言していることに異論はない。しかし、第三者委員会には、識者や北海道知事、国交省が参加していることを考えると、もう少し

「秘境駅」として知られる小幌駅

今はなき 9:27 発の列車（大岸駅）

「（JR北海道の経営責任だけではなく）国と北海道がともに人口減少の沿線を活性化する」というスタンスがあってもいいのではないか。もっと「（経営資源の）選択と集中」を進めた先にあるものを見据えた議論が、なされてもいいのではないか。

今やJR北海道が、採算性だけで路線や駅の存廃を手荒に判断しようとしているのは、経営面だけではなく、心理的にも追い込まれているように映る。ややもすると、第三者委員会という会議室での「正論」は、事業者ひいては現場を疲弊させ、しわ寄せは自治体や地元の利用者へとおよんでしまう。

大岸駅の待合室（井戸端会議）で聞いた言葉を反芻してみたい。

「新幹線、新幹線って……」

そう、スピードや効率、経済合理性というのは、すべてが「善」じゃない。ましてや、それ一辺倒の押しつけには従属したくない。新幹線や都市という「強者」が、小さな灯を駆逐してしまうくらいなら。

# 04 石倉駅
## ――北海道・函館本線

**駅の待合室を抜けると、海**

列車から石倉《いしくら》駅のホームに降り立つ。小さな待合室を出ると、そこは海――。

海の見える無人駅は数あれど、駅舎や待合室の出入り口が海岸に面しているという駅は珍しい（このケースに該当するのは、本書では島根県の折居《おりい》駅のみ）。

待合室を出て、駅前の細い道を横切ると、ぽっかりと海が広がっている。海に向かって右手には、雄大な駒ヶ岳が眺められる。広い裾野のシルエットが、美しい。

北西に向けて五〇〇メートルほど歩くと、栄浜の漁港に辿りつく。駅前の海岸は、少し崖になっているため汀に下りられないが、港近くまで行くと浜辺に下り立つことができる。

駅を訪れたのは、二月の快晴の日。

駅前の海は穏やかで、降り積もった雪が辺りの音を吸収して静寂そのもの。

駅は上下線のホームに分かれており、小さな構内踏切で反対のホームに渡ることができる。跨線橋や地下道ではなく、構内の「ミニ踏切」で線路を横切れるというのは、いかにも便利だ。気軽に上下線のホームを行き来して、駅からの景色を愉しめる。

一両だけのディーゼルカー（キハ四〇）に乗り込む。ここ石倉駅から、特急が停車する森駅までは、わずか四駅。列車は内浦湾に沿って、ゴトゴト走る。車窓に美しい海の景色が流れ、二〇分ほどで森駅に着く。

森駅からも海がよく見える。とくに跨線橋からは、海と駒ヶ岳が同時に眺められるという絶景。二月の駒ヶ岳は、たっぷり雪に覆われ、山の裾野まで真っ白だ。

森駅といえば――、やはり駅弁の「いかめし」が思い浮かぶ。ひと箱に二つ入った「いかめし」を待合室でパクパク平らげると、「もうひと箱食べたい」という衝動が込み上げてくる。しかし、ぐっと堪えて、歩き出す。

## 噴火湾汽船と宮沢賢治

森駅近くの東側海岸には、大きな石碑（明治天皇御上陸碑）が建っている。

ここは、かつての森桟橋跡だ。一八八一年、北海道御巡幸（開拓成果の視察）の際、

石倉駅

明治天皇は室蘭から海を渡って森桟橋に上陸された。

当時は、まだ函館と札幌の間には鉄路が通じていなかった。そのため、森と室蘭を結ぶ定期航路が開かれていた。内浦湾（噴火湾）がC状に弧を描いているため、森〜室蘭は現在の鉄路では約一四〇キロも離れている。しかし、かつての定期航路は海を横切るため、距離にして約四〇キロという短さだ。

一八七八年、英国の紀行作家、イザベラ・バードが北海道を訪れている。当時、実際に乗船した記録を見てみると、森〜室蘭の航路は汽船で六時間を要しているが、廃止前の航行時間は約三時間に短縮されていた。

この森〜室蘭の定期航路は、途中で一

六年間の中断はあったものの、半世紀の長きにわたって運航された。しかし、一九二八年に長輪《おさわ》線（現・室蘭本線）の開通にともない、乗客が減少したために定期航路は廃止。そうして森桟橋は使われなくなり、現在は朽ち果てた橋脚材と明治天皇御上陸碑だけが残っている。

約九〇年前に廃止となった、森～室蘭航路――。

最後に運航していた船会社は、「噴火湾汽船」という風格のある名称だ。英語表記にしてみると、「Volcano Bay Steamship」になろう。どちらの表記も、滋味深い。作家・詩人の宮沢賢治は、この航路の情景を書き綴っている。

噴火湾のこの黎明の水明り
室蘭通ひの汽船には
二つの赤い灯がともり
東の天末は濁つた孔雀石の縞
黒く立つものは樺の木と楊の木
駒ケ岳駒ケ岳

（「噴火湾（ノクターン）」『春と修羅』）

賢治がこの作品を書いたのは、一九二三年夏のこと。樺太旅行の帰途、函館に向か

森栈橋跡（明治天皇御上陸碑）

う夜行列車に乗り、夜明け前の情景を綴った。「室蘭通ひの汽船」「二つの赤い灯」というのは、森桟橋を発った噴火湾汽船を指している。

夜明け前の海と駒ヶ岳という情景が描かれていることを考えると、おそらく石倉駅付近から森駅へと向かっている際の車窓なのだろう。

夜が明けようとしている内浦湾（噴火湾）の車窓が、賢治の目には美しくも悲しく映っていた。八か月前に亡くした妹・トシへの追慕とともに。

「二つの赤い灯」のともった汽船は、復刻された当時の時刻表を調べてみると、午前四時の森発室蘭行きの噴火湾汽船になるだろう（『復刻版　明治大正時刻表』参照）。まだ暗い海にぼんやり光る船灯が、賢治自身の悲しみを少しでも慰めたのだろうか。それとも、人生のはかなさを象徴するかのように、悲しく映ったのだろうか。

そんな航路も賢治が噴火湾の情景を描いた五年後、一九二八年に廃止されてしまう。航路だけではなく、鉄路も変化していく。

時は流れ流れて、二〇一六年の三月に急行「はまなす」が廃止されたことにより、今や函館本線には夜行列車さえも走らなくなってしまった。

もしも時間を巻き戻せるなら、賢治が描いた噴火湾汽船に乗ってみたいものだ。午前四時に森を出て、室蘭に向かう航路。まだ真っ暗な海には、静謐《せいひつ》さが漂っていただろう。森桟橋を離れた船上からは、暁《あかつき》の空にうっすらと駒ヶ岳の影が眺められたかもしれない。

そして、海岸線を走る夜行列車の灯りが、海上からも遠くに眺められたのではないか——。賢治が乗っていた、函館へと向かう夜行列車が。

森駅

# 05 驫木駅 ——青森県・五能線

## 驫木駅と風合瀬駅

驫木《とどろき》駅の小さなホームに降り立つと、もう目の前は広々とした日本海。二両編成の列車がゆっくりと遠ざかっていく。ディーゼルカーの音が遠くへと吸い込まれていく。

穏やかな海を背にして、小さな木造駅舎に入る。しん、と静まり返っている。広々として清潔な待合室に、やわらかな光が差し込む。かつてこの駅を訪れた際は海が荒れており、ごうごうと波の音が待合室まで響いていた。当時は夜の列車をひとりで待っていたが、激しい波音でなんとも心細かった。海況によって、驫木駅の印象は大きく変わってくる。

待合室を出て、外から木造駅舎をしげしげと眺める。なんともレトロで愛らしい。

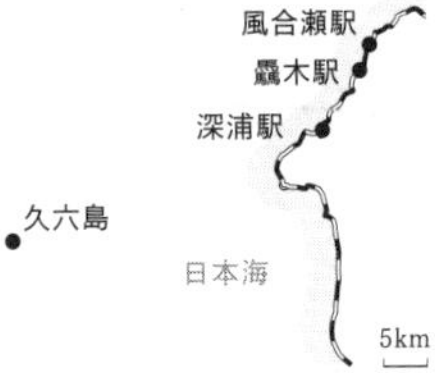

驫木駅

海辺にポツンと佇み、陽射しで陰影を帯びた駅舎は、どこか「孤高な人」のように思えてくる。

驫木集落は駅から南へ一キロほど離れたところにあるため、駅前は一軒の民家がある他は、何もない。駅前には国道一〇一号線が通っていて、行き交う車がびゅんびゅんとすり抜けていく。

駅から南へ二、三分歩くと、扇田川と母沢川という小さな川が合流して、海にそそいでいる。川辺に下りて五能線の鉄橋をくぐると、すぐに汀に辿りつく。ただし、消波ブロックやコンクリートで護岸された海岸なので、のんびり佇むという情緒はあまりない。

駅に戻って、ホームにある木製ベンチから海を眺める。やはり、ここがいちばん心地いい。

隣の駅、風合瀬《かそせ》駅にも行ってみたい。この無人駅も驫木駅と同じく、海がとても近い。ホームからの見晴らしは驫木駅が優れているものの、風合瀬駅前に広がる海は情緒があって美しい。

ホームの端から線路を横切って、土手の草地を一〇歩ほど下れば、そこは海。

驫木駅付近の護岸された海とは違って、こちらは浅瀬の海と砂浜が広がっているので、のんびり海を愉しめる。海に足を浸したり、陽だまりの浜辺でゴロゴロ横になったりと……。

## 秘島・久六島へ

五能線の魅力は、駅や車窓から美しい海岸線を満喫できること。

海岸近くに点在する岩を除けば、沖合には何もない。ただただ広い日本海が広がっている。

と、思っていた。

でも、目を凝らして地図を眺めていると、何やらこの先にも島が存在する。

それも、驫木駅や風合瀬駅からは、約五〇キロも離れた沖合に。

その名は、久六島《きゆうろくじま》。主に三つの岩礁（上の島、下の島、ジブの島）からなる、小さ

久六島（灯台は「上の島」、左の岩礁は「下の島」）

な無人島だ。

はるか沖合の無人島――。

なんだか気になる。五能線の旅を終えてから、再度、久六島へ行くチャンスを探してみる。

海況を待つこと、およそ一か月。

波と風が穏やかな六月、ようやく船（海明丸）に乗せてもらうことができた。

深浦港から久六島まで、片道約四〇キロ。船は沖へ沖へと走る。

が、遠い……。

片道二時間近くもかかる。

やがて「点」として見えてきた久六島の灯台が、だんだんと近づいてくる。それにしても、こんなにも陸地から離れた沖合に、小さな岩礁がポツンと浮かんでいるなんて、不思議な島だ……。

久六島まで来ると、この先の沖合にはもう何もない。あるのは、ただ茫々とした海だけだ。

標高五メートルしかない小さな岩礁（上の島）に、高さ一九メートルの灯台が重たそうに乗っかっている。一九五九年に設置された灯台は、日本海の厳しい波風にさらされるため、白亜のペイントがあちらこちらで剝がれかけている。

灯台は無人ながら、メンテナンスで上陸するための小さな船着き場がある。なんとか、そこに上陸したかったが、船長に制止される。船長の岩根孝夫さんは、一本釣りの漁師で久六島に詳しい。「この波は、見た目以上に危ないから」と。

久六島は、好漁場としても知られている。湧昇流の関係で海藻がよく育ち、アワビやサザエがよく獲れる。タイ、ブリ、ホッケなど、魚影も濃い。魚介類のサイズが大きいだけではなく、船長は「魚の（見た目の）色もなぜか濃くて、味も旨いんだよ」という。

灯台のある「上の島」の近くには、小さな岩礁の「下の島」がある。しかし、地図に表記されている「ジブの島」は見つからない。船長によると、「あの、ちょっと白波が立っているところが、ジブ。今はもうほとんど海面下に沈んでしまってるよ」とのこと。

訊けば、日本海中部地震（一九八三年五月二六日、マグニチュード七・七）で、久六島はずいぶん沈んでしまったとのこと。中でも、いちばん小さい岩礁だった「ジブの島」は、ほとんど海面下に隠れてしまった。

旅を終えてから資料を調べてみたところ、久六島は地震によって約〇・三〜〇・四メートル沈下したと記されていた（「久六島の高度について」『東京大学地震研究所彙報』参照）。地震後の「ジブの島」については、高さは〇・三メートルほどと推測されている（「1983年日本海中部地震後の久六島」同前参照）。つまり、今や「ジブの島」の標高はたった三〇センチしかないので、潮が満ちたり、少しでも波があれば、島は海面下に隠れてしまう。


「ちょっとやってみますか」と、船長。久六島（ジブの島付近）で、釣り針がたくさん並んだ糸を手際よく海に落とす。エサはイカ。糸を手で持たせてくれて、「アタリを感じてみてよ」という。重いような重くないような……と、首をかしげていると、船長はすぐに糸をリールで巻き上げる。

わ、わ、釣れてる。三〇センチくらいのプリプリした赤メバル。しかも、三、四匹ほど同時にかかっている。糸を垂らしてから、まだ一分も経っていないはずだ。それを、ささっと三回繰り返して、手際よく撤収。そして、船はまた二時間かけて港へと向かう。

ふと久六島付近から陸地側を眺めてみると、はるか遠くにうっすらと山の稜線が浮かんでいる。白神山地の山々だろう。ずいぶん沖合まで来たものだと、あらためて感じ入る。

そんなリモート（遠隔）感あふれる久六島の旅を終えて、ついつい思い出してしまったのは、ムーミンの世界。『ムーミンパパ海へいく』は、ムーミン一家がムーミン谷を捨てて、海を渡り、灯台の島へと辿りつく物語。ポツンと灯台が佇み、岩がゴロゴロしているだけの小さな孤島は、久六島の姿と重なり合う。

小さな島で新しい世界を築こうとするムーミンパパは、灯台の島を家族にこう表現している。

これが最後の最後の島だということが、おまえたちには信じられるかね。このむこうには、だれも住んでいないんだ。海のほかにはなにもないのさ。われわれは、いわば海に面とむかっているんだ。人間が住んでいるのは、われわれよりはるかうしろの方の、本土にずっと近い島の上さ。すばらしいじゃないか。

（『ムーミンパパ海へいく』小野寺百合子訳）

やっぱり、なんだか久六島とそっくりだ。

文章だけではなく、ムーミンの漫画（「ムーミンパパの灯台守」『黄金のしっぽ』）で描かれているイラスト（灯台の島）も、久六島に似ている。

ムーミンパパのように、なぜ、人は遠くの小さな島へと惹かれるのだろう。

なぜ、誰もいない島や、淋しげな灯台に憧憬を抱くのだろう。

日ごろ仕事だの人間関係だのと振り回されていると、自分自身に向き合うこともなく、気づけばあっという間に時間が過ぎ去っている。

きっとムーミン谷の暮らしのように、ずっと今の満ち足りた生活（物事がうまくいきすぎる生活）をつづけているだけでは、ときとして「何かが見えなくなってしまう」からこそ、人は「遠い世界」「人のいない場所」「新しい経験」を求めるのだろう。いわば「自分」を見失わないようにと。それは、日ごろの余計な考えや思い込みを洗い流し、いつしか失ってしまった情熱や心の若さを取り戻したいという願望だろう。

ムーミントロールは、灯台の島に惹かれるムーミンパパに、こう尋ねている。


「パパ、灯台について、なにか知ってるの？」

「いや。でもパパは、あのまたたきを見るたびに、胸がキュッと、しめつけられるんだ」

（『ムーミン谷の名言集』渡部翠訳）

# 06 有家駅
## ――岩手県・八戸線

**絶景の無人駅**

二〇一六年三月の下旬。八戸線のディーゼルカーに乗って、八戸駅から久慈駅へと向かう。

八戸近郊を抜けて鮫《さめ》駅を過ぎると、八戸線は「海岸列車」になる。リアス式の入り組んだ海岸や白い砂浜が、車窓に流れはじめる。そんな沿線の中でも、駅前に極上の砂浜が広がっているのが、ここ有家《うげ》駅。

ホームに、待合室がポツンと佇む。ホームを下りて、すぐ脇にある踏切を渡る。その先は、もう海――。真っ白な砂浜が広がっている。

遠浅の砂浜ということもあって、波の形状がメロー（滑らか）で美しい。

有家駅

有家の集落は約五〇〇メートルも内陸側に離れているため、駅周囲に人家はなく、海以外は何もない。そして、誰もいない。平日のためかサーファーもいない。

遠くからの波のうねりが、シワのようになって岸へ平行に近づいてくる。やがて、ゆるやかに波頭が現れて、折りたたむように徐々に崩れていく。そうして白波が横へ横へと広がっていく。海の水はどこまでも澄んでいる。

有家駅は、東日本大震災によって津波の被害を受けた。待合室は壊れ、線路は流失。一年後の二〇一二年三月一七日になって、駅はようやく復旧した。そのため、待合室は建て替えられている。

待合室に入ってみる。頑丈なサッシの大きな窓に囲まれていて、明るい雰囲気。

ガラス窓から、青い海がよく見える。待合室内からも海の開放感にひたれる駅は、稀有な存在だろう。

昨今の合理化（コスト削減）によって、古い駅舎や待合室はおおむね簡素なものに置き換えられているが、この新しい待合室は頑丈で立派なもの。まるで「復旧への思い」が込められているかのよう。待合室の脇には、津波の際の緊急階段も設けられている。

## 柳田國男『清光館哀史』を辿って

有家駅から上り列車に乗って、隣の陸中八木《りくちゅうやぎ》駅で降りる。この駅からも、海（八木港）が見える。ただ、駅周辺は一〇メートルを超える防潮堤が着々と整備され、景観は大きく変わりつつある。

陸中八木駅から有家駅の方向に一キロほど歩くと、浜に面した小子内《おこない》集落に着く。先の有家駅から歩いても、一・五キロほどの距離と近い。

民俗学者・柳田國男が、ここを訪れたのは一九二〇年八月下旬のこと。柳田ら三人の一行は、三陸海岸を南から北へと向かっていた。まだ鉄道が通っていなかったため、徒歩での旅だった。その道中、小子内の集落にあった旅館（清光館《せいこうかん》）に宿泊し、見聞した記録が『浜の月夜』に残されている。たまたま泊まった清光館は、

有家駅にある踏切の先は海（沢尻踏切）

古い小さな二階建ての簡素な宿だったものの、そこでの親切は格別だったという。その夜は旧盆の月夜（八月下旬）。宿の近くでは、小さな踊り（盆踊り）の輪ができていた。
踊っているのは、なぜか女性のみ――。

この辺では踊るのは女ばかりで、男は見物の役である。それも出稼ぎからまだ戻らぬのか、見せたいだろうに腕組でもして見入っている者は、我々を加えても二十人とはなかった。
（『浜の月夜』）

柳田らが見た盆踊りは、太鼓も笛もなく、静かで淋しいもの。
ただ波の音と女性の美しい歌声が、月

明かりの下で静かに響いている。しかも、女性は顔を隠しながら踊っている。「我々にはどうせ誰だか分らぬが、本踊子の一様に白い手拭で顔を隠しているのが、やはり大きな興味であった」（同前）と、柳田は記している。

賑やかさのない、淋しい踊り。

しかも女性は、顔も晒さない。

それだからこそ、幻夢のような艶やかさが浮かび上がっていたのだろう。

そんな盆踊りに、柳田は惹かれていく。周囲の見物人に「何を歌っているのか」と盆踊りの歌詞を尋ねてはみたものの、なぜか誰も教えてはくれなかった。

翌朝五時に障子を明けてみると、一人の娘が踊りは絵でも見たことがないような様子をして水を汲みに通る。隣の細君は腰に籠を下げて、しきりに隠元豆をむしっている。あの細君もきっと踊ったろう。まさかあれは踊らなかったろうと、争ってみても夢のようだ。（同前）

このように宿で一夜を明かした柳田は、前夜見た「ハレ」の踊りが、まるで幻だったかのような錯覚を覚える。朝が訪れると「ケ」である日常の光景が、あまりにも淡々と目の前で繰り広げられている。夜明け近くまで踊りが行われていたにもかかわらず、

清光館の跡地

若い娘が疲れも見せず、何事もなかったかのように働いている。

そして、六年後。

柳田は子女を連れて小子内を再び訪問した。かつて見た光景が、よほど印象深かったのだろう。

その再訪の際に記されたのが『清光館哀史』だ。

しかし。そこに旅館（清光館）は、もうなかった——。

その家〔清光館〕がもう影も形もなく、石垣ばかりになっているのである。（中略）浦島の子の昔の心持の、いたって小さいようなものが、腹の底から込み上げて来て、一人ならば泣きたいようであった。（『清光館哀史』）

　このように柳田は、浦島太郎になったかのような心境を綴っている。竜宮城から恋しい故郷に戻ると、誰も知っている人がいない。自分の家もなくなっていて母の姿も見えない。そんな心細い心持ちだったのだろう。

　もちろん気になるのは、旅館（清光館）のこと。

　なぜ、清光館はなくなってしまったのか。清光館の人々はどこへ行ってしまったのか。柳田は村の人に清光館のことをあれこれと尋ねてみるものの、なかなか村人は話したがらない。

　多くの村人に尋ねて、ようやく事情が判明した。

　――ある日、漁に出た宿（清光館）の主人は、暴風雨に遭って帰らぬ人となった。女房は久慈の街へと出て奉公し、二人の子どもはどこかへ預けられた。婆さまの行方はわからない。

　こうして、わずか六年の歳月で一家は離散し、清光館は跡形もなく消えてしまっていた。

　柳田は、小子内の集落で見聞をつづける。

　たまたま浜辺に佇んでいた娘から、六年前の盆踊りの歌詞を訊き出すことができた。

なにヤとやーれ
なにヤとなされのう
（同前）

六年前の艶やかな盆踊り。それは、男性に向かって呼びかけた、恋の歌だった。「どうなりと私をしてもよい、どうなりとなさるがよい」と。しかし、そこに込められているのは、「快楽」といったハレの日の奔放な歓喜ばかりではない。

忘れても忘れきれない常の日のさまざまの実験、遣瀬ない生存の痛苦、どんなに働いてもなお迫って来る災厄、いかに愛してもたちまち催す別離、こういう数限りもない明朝の不安があればこそ、（中略）〔ハレの奔放な歌であっても〕依然として踊りの歌の調べは悲しいのであった。
（同前）

と、柳田は記している。そう、盆踊りの歌も清光館の顛末《てんまつ》も、村の人がなかなか教えてくれなかったのは、通りすがりの旅人には言葉では簡単に伝えられないことがあったからだ。

それは、生きる哀しさ。

厳しい環境で共に暮らす者でなければ、わからない。言葉にすれば、零《こぼ》れ落ちてしまうものが多すぎる。村の人は旅人（柳田）に、そう感じていたのだろう。

六年でガラリと変わってしまう、世の無常――。

人生は光の速さで駆け抜けてしまう。

それは清光館のことだけではない。柳田の作品が今も多くの人を惹きつけるのは、誰もがそんな世を生きているからだ。たとえどんなに働いても災いは思いがけずやってくるし、どんなに人を愛しても、遅かれ早かれ別れはやってくる。それは、今も昔も変わらない。どんな一生にも、哀しみは訪れる。

現在の小子内集落を歩いてみよう。

清光館の跡地には碑が建てられている。そこは、八戸線の鉄橋脇にある、とても小さな空き地。清光館の跡地から小子内浜は近い。しかし、今は立派な防潮堤が築かれているために海は見えず、海の気配もなかなか感じられない。

防潮堤を上り、浜に下りてみる。浸食がずいぶん進んでいるのか、もう小さな砂浜しか残されていない。柳田が見た情景からは、もう百年近い歳月が経っている。

陽が暮れてから、もういちど小子内集落を訪れた。
季節は違えど、柳田が見た夜の光景はどのようなものだったのか、と。
月は出ておらず、闇が、濃い。
足音が辺りに響くような、静けさ。
心細さを紛らわすのは、ポツポツと点在する集落の灯りだけ。
――こんな夜だからこそ、盆踊りが艶やかに映ったのだろう。
ハレの情念が浮き上がるかのように。
海辺の光景は変われど、百年前の夜は、今もまだ残っている。
ハレの日の調べが身に沁みてくるような、深い、夜が。

# 07 堀内駅

## ——岩手県・三陸鉄道 北リアス線

### あの「袖が浜駅」へ

「あまちゃん」（ＮＨＫ連続テレビ小説）に登場した、映像では馴染み深い駅。ここ堀《ほり》内《ない》駅は、番組では「袖が浜駅」として用いられていた。

駅は高台（海抜二三メートル）にあって、ホームからは堀内漁港が見下ろせる。その先に広がるのは、太平洋。北へ約一〇キロの沖合には、三崎半島（久慈市）が舌のように張り出している。ホームのベンチに腰かけて、ぼんやり遠くの海を眺めていると、なんとも心地よい。

ホームにある小さな待合室に入ると、三陸鉄道職員による手づくりの「じぇじぇじぇ通信（二〇一六年三月号）」が貼られていた。イラストも添えられていた文面を一部

堀内駅

抜粋してみたい。

三年間三陸鉄道で通学してくれた皆さん、ご卒業おめでとうございます。（中略）時には辛いこともあるかも知れませんが、それぞれの夢や希望に向かって頑張って下さい。三陸鉄道ではいつも皆さんを応援しています。卒業してもたまには三陸鉄道に乗りに来てね。

と、手書き文字で記されていた。

駅を訪れたのは、二〇一六年の三月下旬。そうか、卒業の季節か……。

なぜだろう。これは、ごく普通の文面に思えるものの、どこかあたたかい。

それは、「通学してくれた皆さん」とい

う言葉に、形式的ではない、本当の気持ちが滲んでいるからだろう。事務的であれば「通学でご利用いただいた皆さま」などと書いてしまうかもしれない。学生に対して親心のような親しみと感謝の念を抱いているからこそ、その思いが文面に滲むのだろう。

学生時代や新社会人という、短くもかけがえのない季節。それを取り巻く大人が、その貴重な時間をそっと遠くから見守ってくれている。

さて。堀内駅を出て、線路をくぐる地下道を抜ける。坂道を下って行くと、すぐに漁港に辿りつく。右手に折れて海岸を歩くと「まついそ公園」があって、夏場は磯遊びができる。

海岸から振り返って堀内駅を眺めてみると、やはり見上げるような高台に位置している。その高台のおかげで東日本大震災の際は、津波の直接的な被害を免れた。それでも三陸鉄道は各所において津波の被害が甚大で、堀内駅が営業を再開したのは一年後の二〇一二年四月一日だった。

堀内駅から北西へ一キロほど歩くと、安家川橋梁《あっかがわきょうりょう》がある。ここは、三陸鉄道随一の絶景ポイントといわれている。

橋梁の下を流れている、安家川。

清流と名高い川なので、じっくりと観察してみたくなった。

カワシンジュガイ（井の頭自然文化園）

調べてみると、安家川は「原始河川の面影を残す清流」といわれている。

絶滅が心配されているカワシンジュガイも棲息しているという。

カワシンジュガイというのは、殻長一〇センチ（最大で一五センチ）ほどの二枚貝で、長卵形をしている。食卓でお馴染みのムール貝に、形も色もよく似ている。シンジュガイというのは、成長すると真珠を宿す個体があるためで、それゆえに乱獲された過去もあるという。

カワシンジュガイは水質基準のバロメーターともいわれ、キレイな川でしか生きられない。そのため、日本では危機的に減少している。河川改修工事によるコンクリート化（河床の寸断や消滅）、ダム建設（河川の汚濁や水の滞留）などによって、棲息環境が悪化しているためだという。カワシンジュガイの成長は遅くて棲息数も少ないが、寿命は七〇年ほどと長く、国内の最高齢記録は、なんと一五一歳にもなる（「カワシンジュガイ類研究の現状と課題」『青森自然誌研究』参照）。

カワシンジュガイが面白いのは、川底に直立して密集（コロニーを形成）して棲息していること。画像を検索して調べてみると、川底から黒っぽい「カラスの口ばし」がニョキニョキ顔を覗かせているように見える。水深一メートル以下の浅いところに棲息するというし、こんなにも密集しているのであれば、実際に見つけられるのではないか……。

## 幻のカワシンジュガイを探して

カワシンジュガイを探してみよう。

堀内駅から久慈駅に出て、翌日レンタカーを借りる。先の安家川橋梁から、県道二七三号線が安家川に沿って延びている。海を背にして、川の上流へと車を走らせると、川はすぐに清流の趣きを湛《たた》えはじめる。県道は細く、川に沿って曲がりくねるので、対向車が来ないか不安になる。しかし幸い、ほとんど対向車には出会わない。川の両側は急な山が迫っていて、心細くなる。このまま奥へ奥へと進んで大丈夫か、と。

県道二七三号線、さらに二〇二号線を辿って、ぐんぐん上流へと向かう。河口から三〇キロほど進むと、山間の小さな大平集落（下閉伊郡岩泉町）に出る。もうここまで来れば、カワシンジュガイに出会えるのではないか。

静かな集落に一軒の売店があったので、尋ねてみる。なかなかわからなかったが、お店で一服していたおじさんが「このほんのちょっと先。川の左側で見たなあ」という。浅いところにいるから、「川に顔をつけなくてもわかるはずさ」と。

それだけの情報ではちょっと……と躊躇《ちゅうちょ》していると、おじさんは配達があるからと店を出ていってしまった。他に尋ねる相手もいないので、その情報だけを頼りに川べりを歩いて探す。といっても、道があるわけでもなく、岩に足を滑らせたり、膝まで水に浸かったりしつつ。

川の水は澄んでいて、冷たい。まくり上げたズボンはすぐに濡れ、すっ転んではドロドロになる。

二時間ほどあてもなくウロついて、はたと気がついた。

「いきなり素人がひとりでカワシンジュガイを見つけ出すのは、やっぱりムリがある」と。

後日、東京の「井の頭自然文化園」の水槽にカワシンジュガイが展示されているのを知り、実際に眺めてみた。色も形も、やはりムール貝に似ている。同じ水槽に入れられていたミヤコタナゴ（コイ科の小型淡水魚）が、カワシンジュガイの周りに、うじゃうじゃと集まっている。

解説を読んでみると、それは「繁殖の機会を窺っている行為」とのこと。ミヤコタナゴは、生きた二枚貝の殻の中に卵を産むという習性がある。卵が孵化《ふか》して仔魚になると貝から出てくるが、それまでは貝の固い殻に守られるため、ミヤコタナゴにとっては理想の産卵場所になるという。

安家川にいるカワシンジュガイは、国内最大級のコロニー（集団）を形成しており、天然記念物にも指定されている。

カワシンジュガイが今も棲息できる安家川の美しさは、やはりスゴい。

しかし、ここが国内最大級のコロニーということは、これ以上に美しい清流は、もうほとんど日本に残されていないのかもしれない。先にミヤコタナゴがカワシンジュガイに産卵することを述べたが、カワシンジュガイ自身も、成長の場を他者に借りている。カワシンジュガイの幼生は、母貝から水中に放出されると、ヤマメのエラに寄生して、流れてくる栄養を吸い取って成長する。ヤマメがたくさん棲息しているからこそ、カワシンジュガイも生きられる。川が美しいということは、多様な生物が共生して循環している、ということ。

川で濡れたズボンのまま、車に乗り込む。
大平集落から、来た道を折り返して、川に沿って河口へと向かう。
安家川はくねくね曲がりながら、太平洋へと絶え間なく、そそぎ込んでいる。
堀内駅で眺めた青い海は、川の美しさが支えている。

# 08 浦宿駅

## ——宮城県・石巻線

### 念願の石巻線復旧

浦宿《うらしゅく》駅は、ホームの端が海（万石浦《まんごくうら》）に面している。万石浦は、陸地に深く入り込んでいる内海のため、波は穏やかで湖のよう。陽射しが湖面のような海に反射して、まぶしい。遠くには牡蠣《かき》棚（稚貝をつるして牡蠣を養殖する棚）が、たくさん浮かんでいる。

今はのどかな浦宿駅だが、東日本大震災における津波の被害は大きかった。

震災当時は、津波の影響で駅周辺が冠水し、石巻《いしのまき》線も全線不通となっていた。二〇一三年三月までに小牛田《こごた》〜浦宿駅が復旧したものの、最後の区間（浦宿駅から女川《おながわ》駅までの二・三キロ）は、不通がつづいた。復旧したのは二〇一五年三月と、震災から

浦宿駅

四年の歳月を費やした。

現在の浦宿駅は、海に沿って新しい防潮堤がつくられ、ホームがかさ上げされている。ホームの端には、今は使われなくなった低いホーム（旧ホーム）が残っており、段差を測ってみると、新しいホームは四〇センチほど高くなっている。

浦宿駅の小さな待合室を出て、東へ一五〇メートルほど歩くと浦宿踏切がある。線路を横切ると右手は仮設住宅の針浜《はりのはま》地区で、その住宅街を抜けると海に出る。護岸されているため、汀には出られないが、万石浦を間近に眺めることができる。

そのまま隣の終着駅・女川駅まで歩いてみることにした。訪れた日は、二〇一六年の一月上旬。復興工事がどんどん進められ、ダンプカーが白っぽい砂煙を上げて通り過ぎる。カンカン……と、遠くの土地造成工事（市街地のかさ上げ工事）の音が響いてくる。

三キロちょっと歩くと、真新しい女川の駅舎が見えてくる。女川駅では、駅舎と車両が津波で流失するという大きな被害が出た。今の駅舎は、かつての駅舎よりも一五〇メートルほど内陸側に設けられている。

堂々とした新しい駅舎は、「羽ばたく鳥」をイメージした美しいデザイン。駅舎の三階には展望デッキが設けられ、女川港がよく見える。港の先の海は三陸特有の深い青、だ。二階には温泉があって、旅の疲れを洗い流せる。

新しい女川駅は、街の再生を担う象徴的な存在だ。

駅舎の流線形フォルムは、空と「交信」しているかのような優雅さを湛えていて、そのデザインを眺めているだけでも、込み上げてくるものがある。とくに夕方から夜にかけては、本当に美しい。駅舎の灯りがともると、淡い空に駅が浮かび上がるかのようだ。

## 女川いのちの石碑

女川町の各地には、今、新しい石碑が建てられている。

それは「女川いのちの石碑　千年後の命を守るために」と名づけられたもの。

「いのちの石碑」除幕式（女川町江島）

女川中学校の生徒が「後世に震災の教訓を伝えたい」と、町内に石碑をつくる計画を立てた。アイデアや思いだけではなく、行動力もすごい。寄付金を募り、賛同した大人たちを巻き込んでいく。石碑といっても、一基だけではない。「いのちの石碑」は、津波が押し寄せた二一もの地点（女川町の津波到達地点）に建てられる予定で、被災から学んだ教訓を碑文に刻んでいく。

二〇一六年八月一一日、再び女川町を訪れた。

この日は、ちょうど一〇基目にあたる「いのちの石碑」の除幕式が行われる。

女川港から定期船に三〇分揺られて、江島《えのしま》（女川町江島）に到着。約六〇名が暮らす小さな島にも、「いのちの石碑」は建てられる。

除幕式を行ったのは、島の人々と高校生。

そう、参加した高校生というのは、女川中学を卒業（二〇一四年三月卒業）した九名の生徒だ。「女川1000年後のいのちを守る会」をつくり、二一基の石碑完成を目指して、今も活動をつづけている。「二度と犠牲者を出したくない」「教訓を後世に伝えたい」という、揺らぎのない思い。

震災から五年半が経った今は、もうみんな高校生。しかも、高校三年生だ。

女川中学を卒業した後、それぞれ進学した高校は町外でバラバラになった。それでも、メンバーは部活動や塾通いの合間を縫っては打合せを重ね、中学卒業後だけでも九〇回は話し合いの場をもったという。メンバーは当初二〇数名いたが、今は一〇名ほどが中心となって活動をつづけている。

いよいよ「いのちの石碑」の除幕式――。

この日、江島に一〇基目の石碑が完成した。

石碑は、港を見下ろす高台に建つ。港の先に広がる海が、どこまでも青い。

除幕式を執り行った生徒から、笑みがこぼれる。

この瞬間のために、いったいどれほどの時間と労力を費やしてきたことだろう。

想像に難くない。学年が上がるにつれて、学生生活は徐々に「牧歌的」ではなくなってくる。進路といった身のまわりのことだけでも、頭がいっぱいになっているはず。

ある生徒は、話してくれた。

「もう高三で受験ですから。いろいろと（忙しくて）……。でも（いのちの石碑の）活動を言い訳にはしたくないので、がんばります」


そんな高校生の思いが詰まった石碑。

碑文を、ここに記したい。

女川いのちの石碑――千年後の命を守るために

ここは、津波が到達した地点なので、絶対に〔石碑を〕移動させないでください。

もし、大きな地震が来たら、この石碑よりも上へ逃げてください。

逃げない人がいても、無理矢理にでも連れ出してください。

家に戻ろうとしている人がいれば、絶対に引き止めてください。


今、女川町は、どうなっていますか？

悲しみで涙を流す人が少しでも減り、笑顔あふれる町になっていることを祈り、そして信じています。

女川中卒業生一同

石碑の裏側を見ると、碑文が三か国語（英・仏・中）にも翻訳されている。ここに込められた思いは、女川を超えて、東北を超えて、日本を超えていく。自らが経験した辛さを超えて、次の世代そのまた次の世代へと「希望のバトン」をつないでいこうとする想像力と、ひたむきな行動力。そして、全二一基の石碑完成に向けて、これからも生徒らの活動はつづく。

翻って自分自身は、どうだろう。大人である自分自身は、どうなのだろう。高校生のころは、自分のことしか考えられなかった。もっというと、自分が有利な道に進むことだけを考えていた。虚構を虚構とも知らずに。

中高年になった今でも、これからの社会を具体的に想像したり、後世の幸せを願ったりすることがあるだろうか。ましてや、そのためにできる行動を考えたことがあるだろうか。

恥ずかしながら、はなはだ心もとない。「いのちの石碑」は、津波の教訓だけではなく「今、ここ」の在りかたをも揺さぶってくる。

江島から船で女川港に戻る。女川駅から少し歩いて高台に上がると、女川中学校がある。ここの校舎の前にも「いのちの石碑」が建っている。高さ二メートルもある、堂々とした石碑。これは、いちばん最初に建てられた「いのちの石碑」だ（二〇一三年完成）。

強い陽射し。木々に囲まれた八月の校舎は、夏休みで静まり返っている。石碑の脇にある木陰のベンチに座ると、心地よい風が吹き抜ける。

震災から、六年が過ぎようとしている。

「いのちの石碑」に携わっている生徒は、この女川中学でかつて学んでいた。そして、もう高校生活の終わりが近づいている。もうすぐ進学や就職で、それぞれの道を歩み出す。

でも、これからどんなに歳月を重ねても、石碑は女川に建ちつづける。

刻まれたストレートな思いと言葉は、ずっとずっと、消え去らない。

# 09 根府川駅
## ——神奈川県・東海道本線

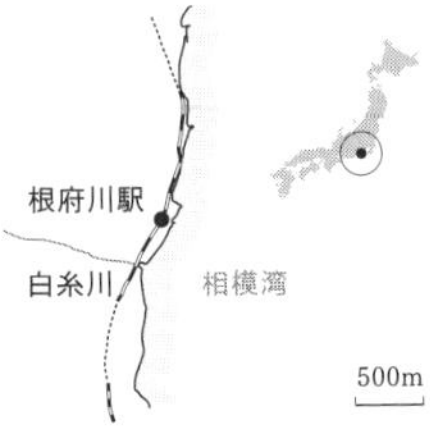


根府川の海

沖に光る波のひとひら
ああそんなかがやきに似た
十代の歳月
風船のように消えた
無知で純粋で徒労だった歳月

(「根府川の海」『茨木のり子詩集』)

根府川《ねぶかわ》駅といえば、詩人・茨木のり子の「根府川の海」が浮かんでくる。

根府川駅

戦争で抑圧された青春期を送った茨木は、根府川駅から見える海と「進行形である青春」を重ね合わせた。そして、青春の盛りを過ぎて、あの日を回想する。

女の年輪をましながら
ふたたび私は通過する
あれから八年
ひたすらに不敵なこころを育て

（同前）

ここに引いた「根府川の海」。その魅力は、次のように評されていた。

何事も風船のように消えてしまうものがある。無知であり、純粋であり、また徒労であった「十代の時間」を、彼女〔茨木〕は決して嘆いているのではない。それらの時間は泡のように形もなくなったが、逆にそれだからこそ、無知も純粋もいつまでも大切に仕舞い込み、やがてそれらは何にも動じない「不敵なこころ」を育て、茨木さんの詩のバックボーンになっていったのだ。（「根府川の海の果てに」『現代詩手帖』）

そうだ。十代の青春の日々は終わっても、すべてが消え去ったのではない。誰の中にも、今に通じている連続性がある。

根府川駅から眺める海は、そんな「若さ」を呼び覚ましてくれる。

駅を訪れたのは、四月の上旬。

東京駅を一三時三七分に発ち、根府川駅には一四時五九分に到着した。平日だったため、午前中にささっと仕事を片づけて午後の列車に飛び乗った。静かな駅に降り立つと、先ほどまで慌ただしく仕事をしていたのが嘘のよう。

根府川駅は海抜四五メートルもの高台にあって、ホームに立つと眼下に相模湾が広がっている。

駅の構内は、しんと「時間が止まっている」かのよう。

根府川駅は東海道本線の長い列車（一五両編成）が頻繁に発着し、東京圏と密につながっている。都会の喧騒と根府川駅の静寂という、振り子のような対比ゆえ、「時間

駅舎と桜

が止まっている」ような錯覚を覚えるのだろう。

　ホームから跨線橋を通って、改札口へ向かう。跨線橋や改札口からも、海がよく見わたせる。

　駅前の桜は満開――。

　瓦屋根の木造駅舎を出て、海岸へ向けて歩く。

　ホームからは海が近くに見えるが、実際には高低差があるため、しばし坂道を下って行くことになる。地図での距離は海まで五〇〇メートルほどだが、やはり少し遠く感じる。東海道本線の白糸川《しらいとがわ》橋梁を高く見上げながら、線路をくぐる。赤く塗装された鉄橋に車両が通りかかると、カシャンカシャンと大きな金属音が辺りに響きわたる。そして、交通量の多い国道一三五号線を横切れば、やっと海岸線に下りられる。

ただ海岸は砂浜ではなく、岩がごろごろ転がっているので歩きにくい。

流木に腰かけ、相模湾を眺める。右手（南側）に真鶴《まなづる》・伊豆半島が延び、正面（東側）には三浦半島もうっすらと見える。

## 関東大震災と根府川駅

今も根府川の海には、関東大震災（一九二三年）の爪痕が残っている。

海底には、車体の一部や旧根府川駅ホームが眠っている。

それは、関東大震災で海中に没した駅と一〇九列車。

一九二三（大正一二）年九月一日、午前一一時五八分。真鶴行きの列車が根府川駅のホームに差しかかった際、地響きとともに激震が走った。大規模な地滑りが発生し、数分後に駅やホーム、列車が海へと転落。一〇〇名以上が亡くなるという、大惨事だった。

大規模な土石流、そして海からは津波も押し寄せたために、根府川集落でも約三〇〇名が亡くなったという。駅の構内や周辺には、当時を悼む碑がいくつか建てられている。

[左] 関東大震災殉難碑（根府川駅）［右］根府川海岸

当時のことに思いを馳せつつ、根府川駅へと戻る。海からの帰り道は急な坂道になるので、息が上がる。そして、一八時〇六分発の列車に乗り込んだ。たった一日、それも午後だけのショートトリップ——。

厳密には根府川で滞在していたのは、たったの三時間。それでも平日の束の間、海を眺めるだけで、心身が軽くなる。

海がとても遠いとき
それはわたしの危険信号です

わたしに力の溢れるとき
海はわたしのまわりに　蒼い

おお海よ！　いつも近くにいて下さい
（「海を近くに」『茨木のり子詩集』）

茨木のり子は、別の詩で海の魅力をこのように綴っていた。

海に行っても行かなくてもいい。海という広さ、遠さを身近に感じられるときにこそ、内的な充実もはかられる、ということなのだろう。

帰りの車内ではぐっすり眠ったため、あっという間に東京駅に着いた。

時刻は一九時四六分。東京駅は、帰宅を急ぐ人波であふれている。

海を近くに感じられないとき。

そんなときは列車に身を任せて、海を見に行こう。

# ⑩ 越後寒川駅
## ——新潟県・羽越本線

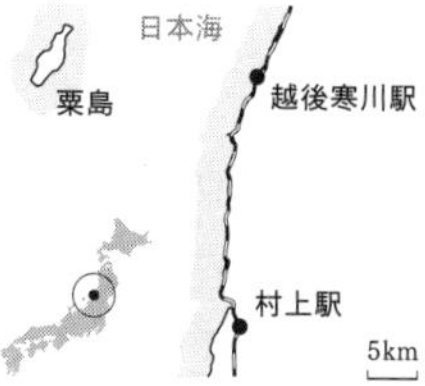


### 日本海の夕陽と粟島

海が見たい。無人駅に行きたい……。

でも、なかなか時間がない。週末は、平日の仕事疲れが残っている。ついつい、家でゴロゴロしたくなる。

それでも、なんとか身体を列車に放り込もう。

四月下旬の気だるい土曜日、上野一二時四六分発の上越新幹線に乗り込んだ。新潟駅には一四時五〇分に着き、一五時〇一分発の秋田行き特急「いなほ」に乗り換える。さらに村上駅で特急から各駅停車に乗り換えると、車窓に海の景色が流れはじめる。

越後寒川駅

今回の目的地である越後《えちご》寒川《かんがわ》駅には、一六時四六分に着いた。夕刻といえど、まだ陽は高い。

真っ先に海の青さが目に入る。静寂のホームから見える日本海——。

昼前は、旅に出るか否か、家でグズグズ迷っていた。しかし、二日酔いだの仕事疲れだので、家に閉じこもっていれば、あっという間に週末は終わってしまう。思い切って身体を列車に放り込めば、週末の景色はガラリと変わる。

陽が徐々に傾き出して、海に反射する光がまぶしい。ホームからは、約二〇キロ沖に浮かぶ粟島《あわしま》も見える。粟島は周囲約二三キロの比較的小さな島。お盆をひっくり返したような、だらりと長い形をしている。

越後寒川駅付近

閑散とした駅前から歩いて浜辺に向かう。自転車に乗った高校生が、「こんにちはっ」と快活に挨拶をしてくれる。こんなささやかなことだけでも、気持ちが晴れやかになる。

踏切を渡って国道三四五号線をまたぐと、すぐに海岸に下り立てる。駅からは歩いて五分ほど。冬場に荒れる日本海のためか消波ブロックはやや多いが、夏場は海水浴場にもなる砂浜は、さらさらと白く美しい。

浜辺を歩く人も少なく、夕陽が静かな海をきらきらと照らす。この海岸一帯は「笹川流れ」と呼ばれる景勝地で、海岸線は砂浜や荒波に削られた奇岩と、変化に富んでいる。

駅に戻ると、まさに夕陽が海に沈もうとしている。

誰もいないホームから、ぼんやりと海を眺める。

この時間帯は空と海の色が刻々と変わっていく。空が茜色に変わり、陽が沈んだ後は、ぐっと空の赤みが濃くなる。海は少しずつ鈍色《にびいろ》に変わっていく。空気は冷たく澄んでいて、気持ちがいい。景色を大きく吸い込むかのように、深呼吸したくなる。

こうして一日が終わっていく瞬間――。

どうして、こんなにも淋しさが心地よいのだろう。

海は夕陽の残照を湛えていて少し明るいが、辺りは徐々に暗くなる。薄暗い駅に灯りがともりはじめる。遠くに見える粟島には、灯台の灯りが点滅している。

そろそろ帰らなきゃ……と、幼少期のような心細さを感じはじめたころに、煌々《こうこう》と灯りをともした二両のディーゼルカーが、ホームに滑り込んできた。一八時五二分発・新発田《しばた》行きの列車だ。

車内には高校生の姿がぽつぽつ見える。列車は陽が暮れた夜の海に沿って走る。暗闇が流れる車窓をひとり眺める学生は、なんだか哲学的だ。一日の余韻を味わうような、そんな横顔――。

自分自身も静かな車内で、ぼんやり物思う。

じきに落ち着きなく、菓子パンを取り出して空腹を満たす。

このまま列車を乗り継げば、今夜中に東京へ戻ることはできる。しかし村上駅近くで一泊し、翌朝はホームから見えた粟島へ出かけることにした。本当は粟島で泊まりたいところだが、今日中に島へ渡る船はもうない。

## 対岸の粟島へ

翌朝、高速船で粟島に渡り（所要時間五五分）、夕刻の船までの五時間を粟島で過ごす。静かな島をレンタサイクルで走る。

美しい海岸線。対岸には、遠くに連なる稜線がうっすらと見える。昨日訪れた、越後寒川駅の背後に聳《そび》える山々（標高七九五メートルの蒲萄《ぶどう》山など）だろう。

ここ、粟島には不思議な「生きもの」の言い伝えがある。

『綜合日本民俗語彙』（柳田國男監修）に記された伝承を見てみよう。

粟島で、五、六月の麗かな花曇のような日、海上數里の沖に大きな魚のような、岡のようなものが時折現れて浮動するという。春にも現われる。場所は毎年たいてい一定している。

（『綜合日本民俗語彙』第一巻）

ここに記されているのは、「ウキモノ（浮きもの）」と呼ばれるもの。

ウキモノというのは、魚または海鳥の群れ、あるいは未確認の巨大魚といった説がある。

この機会に、粟島でウキモノのことについて尋ねてみる。資料館や観光協会、役場や食堂で訊いてみたが、何もわからなかった。それは、そうだ。駆け足の旅で、そんな簡単にわかるはずもない。でも、そんな窺い知れない「何か」が生じそうな海が粟島にはある。そのことを想像するだけでも充分に愉しい。

磯の潮だまりで、岩をひっくり返せば、小魚が機敏に散っていく。人影のない静かな粟島の海に佇んでいると、ふと現実ではない「どこか」へつながっているような——そんな感覚になる。

あっという間に時間は過ぎて、粟島を後にする。島での滞在時間は、わずか五時間。ちょっと名残惜しい。村上駅から新潟駅へ向かい、新幹線に乗り込んだ。

新潟二一時三四分発、東京行きの最終列車。

もうすぐ週末が終わる。明日は月曜日——。

ふと車内で考える。

いつも忙しいと勝手にボヤいているものの、この一週間を振り返って片づけられたことって、いったいどれほどだっただろう、と。

日々あくせくしているわりには、なんとも心もとない。

結局は、目の前のことに勝手に追われているだけなのかもしれない。

そうだ。だったら、やっぱり旅に出よう。日ごろの俗事に振り回されすぎずに。

最終列車の上越新幹線が新潟駅を出る。

二階席の窓からは、満月がよく見えた。新幹線のスピードに負けず、月は併走するかのように、どこまでも追ってくる。

ぽっかり浮かぶ月を眺めていると、ここにも「現実ではない世界」が広がっているように思えてくる。先のウキモノのことを思い返しつつ、車内販売のビールを飲み、しばし眠る。旅に出た週末の夜は、どこか心と身体が軽くなる。

# ⑪ 青海川駅

## ——新潟県・信越本線

**ホームの先は、日本海**

信越本線（鯨波《くじらなみ》〜柿崎《かきざき》駅）は、海岸線に沿っている。いずれの駅も海に近いが、とりわけ青海《おうみ》川《がわ》駅は「日本海にいちばん近い駅」として知られている。

駅を訪れたのは、一二月の中旬。

北側にあるホームの先には、日本海の波が迫る。真っ白に砕けた波が泡のよう。波音がごうごうと、駅全体を包み込む。二・五メートルほどの波が絶え間なく打ち寄せている。

ホームを結ぶ跨線橋からは、遠くの波までよく見わたせる。沖合から次から次へと、シワのようなうねりが岸へと近づいてくる。跨線橋の中にいると音が木霊《こだま》するため、

青海川駅

波音がひときわ強く響いてくる。

「白い交番」を思わせる形状の待合室を出て、線路を地下道でくぐり抜けると、すぐ青海川海岸に出られる。五〇〇メートルほどの砂利浜が広がっていて、海も空も澄みわたっている。

沖に目を凝らすと、三名のサーファーが波を待っていた。

時おり強い波を捉えては、また沖合へとパドリングで移行していく。

同じ波は二度とやって来ない。それでも、波はまたやって来る。

海を眺めながら佇んでいると、波乗りを終えたサーファーが沖から浜に戻ってきた。

その満ち足りた表情――。

その姿を見ていると、無性にサーフィ

ンがしたくなる。でも昨今は、無人駅をめぐることに夢中となり、自宅のサーフボードは一年以上も眠ったままになっている。

こうしてブランクを空けてしまうと、ちょっと体力的に不安になってくる。もうサーフィンは年齢的にキツいんじゃないか、と。ましてや、もう冬のサーフィンはムリなのか、と。

いやいや、いけない。

人生は楽天的に考えよう。

そんなときは、プロサーファーのキャス・コリアーの言葉を思い出したい。

> 初めて海に入って、〝水も冷たいし、パドリングは前に進まない〟、そんな時でもあきらめずトライすればその波をいつか乗り越えられる。それは人生においても同じだろう？（中略）もちろん何歳の人にでもサーフィンを教えるならそう言うよ。年は関係ないからね。
>
> （「SURFERS' DELIGHT」『BRUTUS』第三五巻第一三号、四三頁）

### 谷根川の鮭を眺める

汀を歩くと、谷根川《たんね》の河口がある。

跨線橋から見える海

少しややこしいが、駅周辺の集落は青海川。集落を流れているのは谷根川。その谷根川河口付近には、口を大きく開いた鮭の死骸が転がっている。この川は、鮭（シロザケ）が産卵のために遡上する。毎年一〇月から一二月ごろまで、鮭が生まれ故郷を目指して、青海川海岸から谷根川の河口、上流へと向かっていく。

谷根川の川べりを歩くと、少しやつれた鮭がたくさん見える。泳いでいるというよりも、ゆらっ、ゆらっとゆるやかに体をくねらせながら、その場にとどまっているように映る。鮭の表面が黒っぽく見えるのは、産卵を控えて、体が褐色や赤色の婚姻色に変化しているため。白っぽくなっている鮭もいるが、免疫力が低下して水カビが発生しているためだ。

鮭はいったん川に入ると、もう二度と海へは戻らない。川に入ると、いっさい餌を口にすることもない。もう栄養もとらず、産卵に向かって、迷わずに突き進む。上流の産卵場を目指して川を遡り、産卵を終えると急激に老化して死を迎える。

やがて死骸は川の滋養となって、稚魚の成長を助ける——。

青海川駅の近くには「柏崎さけのふるさと公園」という施設があり、鮭の増殖事業（採卵、稚魚の飼育・放流）が行われている。鮭が遡上するための人工河川も設けられているため、間近で川を遡る鮭を眺めることができる。施設を見学すると、その年に遡上した鮭が日々カウントされている。その数は、一万九三三九尾だった（二〇一五年一二月一〇日時点）。

鮭の卵は約六〇日で孵化し、春になると稚魚は海へと旅立つ。稚魚は敵の少ない川で過ごしたら、餌が豊富な海へ出て大きくなる。向かうは、ベーリング海、北東太平洋。遠い豊かな海で三～五年を過ごすと、生まれた川へと戻ってくる。鮭の回遊生活は、約一万キロにおよぶという。

こうして鮭の一生を考えてみると、人の一生と重なり合うように思えてくる。鮭には自分の生まれ故郷に帰るという、強い母川回帰の習性がある。

人も鮭のように、「敵の少ない」小さな世界で幼少期を過ごす。家族やご近所、顔見知りといった、小さな世界。やがて成人を迎えるころになると、多くは進学や就職などで、大きな街や都会へと出ていく。多くの人に出会い、世界が広がっていく。そうして知識や経験を吸い込んで、大きくなる。そう、川から海へと。

鮭と人との違いといえば、故郷に帰るか否かというところ。

人は広い海（都会）へ出ていくと、そのまま川（故郷）へ戻らない人もいる。海における豊富な餌のように、都会には「お金や仕事」「利便性」がたくさんある。その反面、敵（競争）も多く、ときには神経をすり減らして泳ぎ疲れてしまう。

人も鮭のように、「川」へ戻るべきなのか。

あるいは、「海」を泳ぎつづけるべきなのか。

いや、どこで暮らしたとしても構わない。

誰しも心の中で「川」は流れつづける。

# ⑫ 越中国分駅
## ——富山県・氷見線

### 富山湾と立山連峰

二月、ずっと晴れる日を待っていた。

冬の富山は曇りや雪の日が多く、なかなか晴天に恵まれない。久しぶりの晴れ予報を受け、夜行バスに乗り込んだ。悲しいかな、もう上野発の夜行列車は全廃されているため、早朝に富山県の高岡に到着するには夜行バスしかない。

高岡駅から氷見《ひみ》線のディーゼルカーに乗り込む。高岡市街を抜けて一五分もすると越中国分《えっちゅうこくぶ》駅に辿りつく。単式ホームに、ちょこんと待合室が佇んでいて、愛らしい。

ホームの端（北側）に立つと、青い青い富山湾——が見える。

五〇〇メートルほど先には、男岩が海にポコッと浮かんでいる。

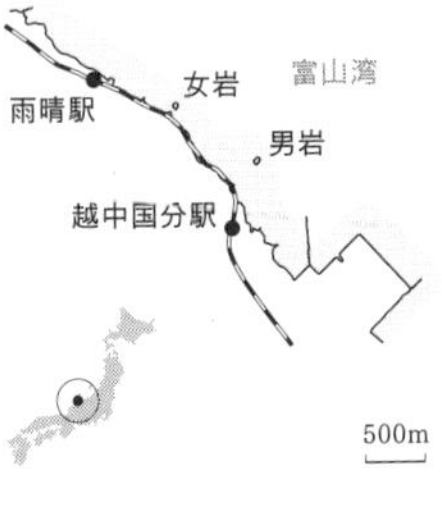

越中国分駅

さらに海の先に目を向けると、雪で真っ白な立山連峰が遠くに聳えている。立山連峰は、剱岳《つるぎだけ》（標高二九九九メートル）など三〇〇〇メートル級の山々を有している。直線距離で調べると、越中国分駅から立山連峰までは約六〇キロもある。しかし、冬の晴天は空気がキンと澄んでいるため、遠くの山の稜線がしっかり見える。

隣の雨晴《あまはらし》駅にも降り立ってみたい。氷見線は雨晴海岸に沿っていて、海との距離が近い。ディーゼルカーは、越中国分駅を出るとゆっくりゆっくり走ってくれる。行楽客が多く乗っている際の「（絶景区間）徐行運転サービス」だ。

「雨晴」は源義経が京都から東北（平泉）へ落ちていく際、海岸にある義経岩で雨が晴れるのを待ったことに由来するといわれる。

雨晴駅から南東へ三分ほど歩けば、雨晴海岸に着く。さらに少し歩くと、線路脇に義経岩がある。

――海にポツンと浮かんでいる小さな島は、有名な女岩。岩の頂上には、松の木が扇子《せんす》のように茂っている。女岩の背景には、真っ白な稜線の立山連峰が映り込むという、絶景だ。

この日の海は穏やかで、ほとんど波はない。

冬の日本海は荒波というイメージがあるものの、能登半島にある山や丘陵が冬の季節風（北西の風）をブロックしてくれるため、雨晴海岸は一年を通して波が穏やかで漁ができるという。

雨晴海岸を歩くと、心地いい。

冬の澄んだ穏やかな海。

岸から沖へと延びる突堤がある。波がかぶりそうな低い石垣を沖に向けて歩いていると、どこか海に吸い込まれそうな感覚になる。富山湾は、最深部が一二五〇メートルにも達する日本三大深湾のひとつ（あと二つは駿河湾と相模湾）。なんだか汀から服を着たまま、このままじゃぶじゃぶと海に入って、沖へ向かって「歩きたく」なるような、そんな気持ちになる。あるいは深く透明な海から「何か」が海辺に上がってき

女岩（雨晴海岸）

そうな……、そんな神々しさもある。

海のそばにあるのは倉庫であったり、鉄道の引込線であったり、接岸のための波止場であったりするので、わたしたちが海を日常的に見て生活し、それによって形づくられた精神の原風景が物の考えかたや文化の中で大きな意味を持つことがなくなってきた。人が住む土地はむしろこの防衛用、産業用の海岸線から隔てられ、どんどん奥まった場所になってきている。人が海のすぐそばに住むことはあまりない。すぐ近くに住んでも、コンクリートの防波堤によって、海と隔てられている。

（『海岸線の歴史』）

そう、今や海に近づいても、何らかの人工物に遮られることが多い。海は近くても、海が遠いという皮肉。気づけばそんな日常になってしまっているからこそ、ここ、雨晴海岸の昔ながらの汀は貴重だ。浜辺を歩く愉しさを思い出させてくれる。海と陸はつづいているという当たり前の感覚、海に対する近しさを取り戻したい。

## 海との交感――リュウグウノツカイ

海との親和性があったからこそ、「海の伝説」も語り継がれてきた。

ここ富山湾では、時おり巨大深海魚のリュウグウノツカイが定置網にかかったり、浜に打ち上げられている。リュウグウノツカイとは、ご存知のように、太刀魚《たちうお》を長くしたような巨大な深海魚（体長は最大で一一メートル）。中国では「鶏冠刀魚」との名がついているように、頭には赤い毛のようなヒレがなびいていて、「人魚のモデル」ともいわれる。

大きな眼や、角ばった頭、突き出た口が、人の顔に見えなくもない。水深二〇〇〜一〇〇〇メートルの中深層で、頭を上にしながら、ゆらりゆらりと泳いでいると考えられている。

かつてリュウグウノツカイの標本を見たことがあるが、なんともデカい。

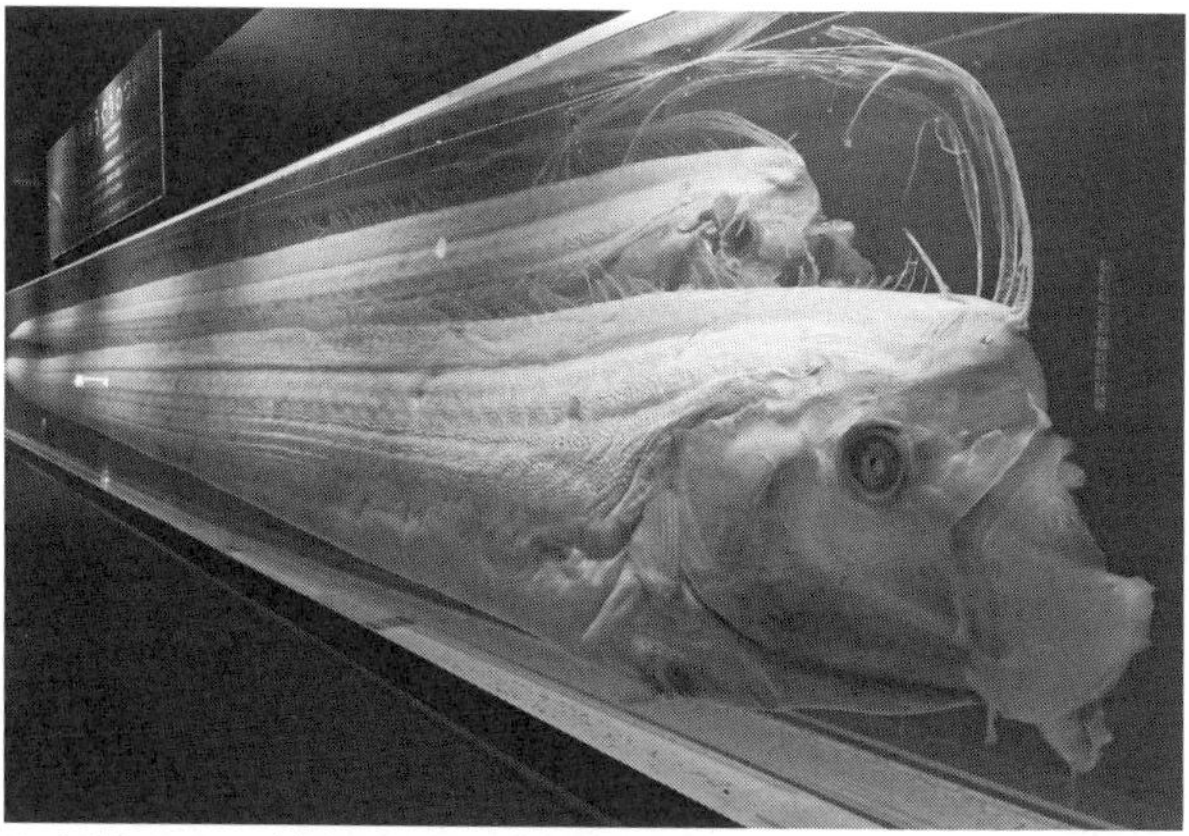
リュウグウノツカイ（東海大学海洋科学博物館）

写真に掲げたものは、全長約五メートル（写真の手前が雌で奥が雄）。一九八九年に相模湾で二尾同時に定置網にかかったという、貴重なものだ（静岡市・東海大学海洋科学博物館）。

ちなみに、お味のほうは、どうなのだろう。リュウグウノツカイを食したことを記した本には、「塩焼き、唐揚げ、握りずしにもして食べたら、けっしてまずい魚ではない。あらでだしを取り、身を入れて潮汁にしたら、かなり上等の味だった」（『美味しいマイナー魚介図鑑』）と、ある。

ここ北陸を中心に伝わる「八百比丘尼《やおびくに》伝説」は、禁断の人魚の肉を（美味なために）たくさん食べた娘が、八〇〇年も長生きしたという話だ。娘は父の持ち帰った人魚の肉をこっそり食べてしまった。それ以来、幾年たっても歳をとらず、一七、八歳の姿のまま。娘はそれを恥じて尼となり、諸国を巡礼したという。

ここでの人魚というのは、リュウグウノツカイではないかといわれている。歳をとらないという点では、浦島太郎の伝承と共通している。海の彼方や海底にあるとされる常世《とこよ》の国は、不老不死の楽土と考えられていた。こういった伝説が残っているというのは、海と陸が分かちがたく結びついていたことに他ならない。もっというと、人と海の生物との距離も近くて、「交感」があったのだろう。

めったに見ることのない奇態な魚を人魚と見做すことは無理のないところであろう。生時は幻想的な美しさをもつリュウグウノツカイも、水分過多のため、一度乾からびたら、一挙に醜悪な老婆に化してしまうのである。これをあわれみ、埋葬してやった海辺の人達の心根はゆかしい。

（「新人魚考」『新潟県生物教育研究会誌』）

かつてシケで打ち上げられた、浜辺のリュウグウノツカイ。

太刀魚のように銀色にきらきら輝く体は、あっという間に黒ずんで干からびていく。この光景を昔の人は、きっと「人の一生」と重ね合わせたことだろう。目の前で死にゆく生物は、あまりにも儚《はかな》いが、それは人間も同じことだ、と。その儚さをあわれむだけでなく、物語に昇華して伝説もつくった。死にゆく命が、またどこかで生まれ変わるということを信じて――。

富山湾と立山連峰。

この美しい汀をどこまでも歩きたくなる。

高岡駅から越中国分駅・雨晴駅は、列車でおよそ二〇分圏内にある。約一七万人もの人口を抱える高岡からたった一〇キロほどの距離に、こんなにも美しき汀が広がっている。

# ⑬ 池の浦シーサイド駅
## ——三重県・参宮線

### 年四日間だけ営業する「幻の無人駅」

夏のはじまりは、夏の終わりのはじまり——。

そのことを感じさせるのが、ここ、池《いけ》の浦《うら》シーサイド駅。

夏季だけの臨時駅だ。しかも、営業日は週末に限定され、停車する列車も少ない。行楽客・海水浴客の減少にともなって、営業日数と停車する列車本数は、ずいぶん減ってしまった。

池の浦シーサイド駅の営業日（二〇一六年）を見てみよう。

七月三〇・三一日と八月六・七日の、わずか四日だけ。夏休み期間の週末のみの設定だ。しかも、停車する列車は下り二本（一〇時五八分・一三時五八分）と上り二本

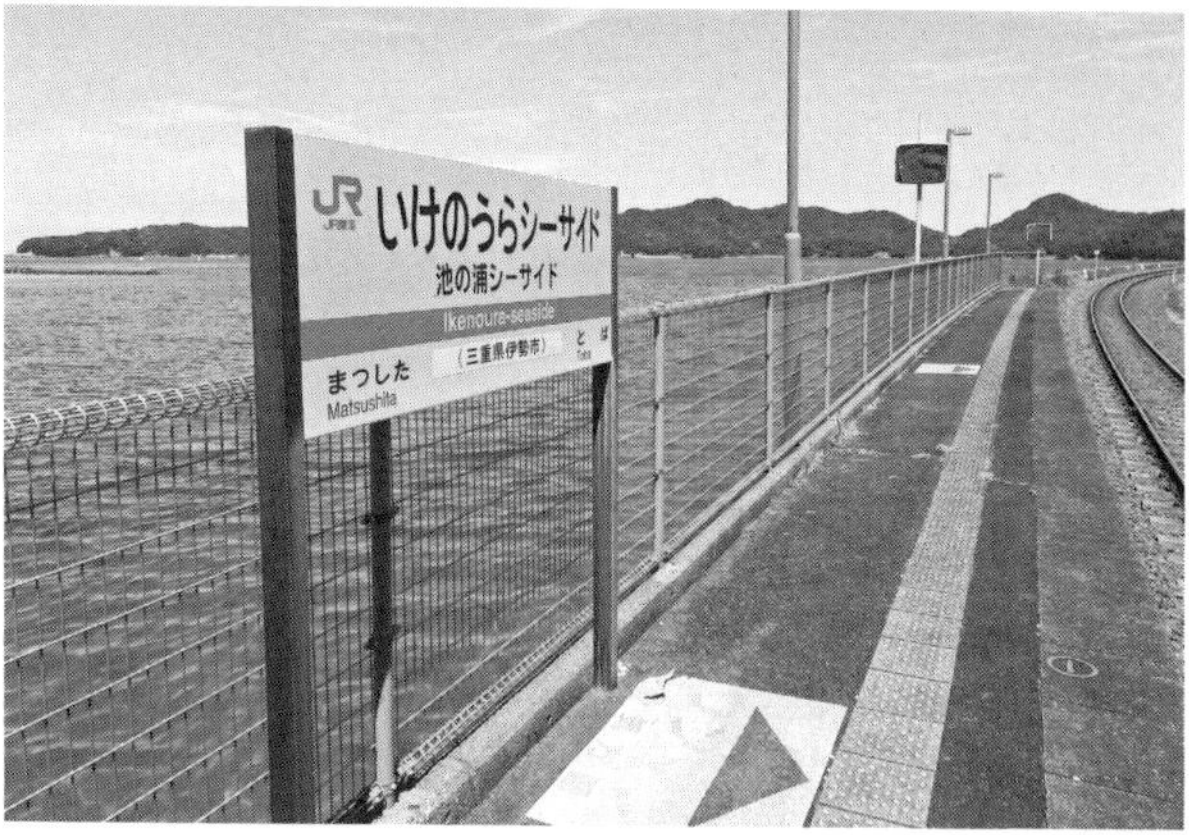

池の浦シーサイド駅

（一一時三八分・一四時三三分）の、たった四本（一日二往復）。そう、夏季の営業期間中であっても、大半の列車は駅を通過していく。

つまり、年間四日間だけの営業で、停まる列車は合計一六本しかない。

一九九五年の時刻表を見てみると、夏は三〇日間も営業（かつ上下各九本ほどの列車が停車）していたので、今や風前の灯のよう。

つまり、池の浦シーサイド駅が営業を開始した日には、「もう（今年の）営業日も、あとわずか」という状況になる。池の浦シーサイド駅の夏は、あっという間に過ぎ去ってしまう。

そんなわずかな「出会い」を求めて、駅へと向かう。二〇一六年七月三〇日、営業初日の一番列車に乗って、池の浦シーサイド駅へ。

降車時は、車内がにわかに熱気に包まれる。そんな稀少な駅を求めて、鉄道ファンがわさわさと降り立つ。総勢二〇名弱。

ホームの目の前に広がる海が、まぶしい。

下車した客は、駅に佇んではパシャパシャと写真を撮っている。観察していると、誰も海水浴場へは向かわない。列車を降りた約二〇名には、親子連れやカップルといった海水浴客は誰もいなかった。そうして、下車客の多くは四〇分後にやってくる折り返し列車に乗り込む。

そう、池の浦シーサイド駅は海水浴客のための駅だったものの、今や海水浴客はほぼいなくなり、「鉄道ファンのサンクチュアリ」と化している。海水浴の人気が下火となったり、車での行楽が一般化しているせいだろう。実際、駅に降りても、海水浴場の幟《のぼり》があるわけでもなく、海水浴場への案内標識もない。

行こう、海水浴場へ。

駅から小さな道を北へ向けて歩く。ぎらつく太陽。セミの鳴き声をたっぷりと浴びながら、アップダウンのある曲がりくねった道を一キロほど進むと、静かな浜辺に辿りつく。ここが「池の浦シーサイドパーク」と呼ばれる海水浴場。派手な印象のネーミングとは裏腹に、人影はまばらでひっそりとした静けさが漂っている。

池の浦の海水浴場

後に紹介する田井ノ浜駅（徳島県）は「駅の目の前が海水浴場」だが、ここ池の浦シーサイド駅は、海水浴場まで歩いて一五分ほどかかってしまう。

しかし、だからといって「使い勝手が悪くて劣る」というわけでは決してない。「もうすぐ海が見えるはず」というワクワクする感じは、捨てがたい。木々に囲まれた道を歩き、ようやく見えてくる光の浜辺――。そんな夏の高揚感が、ここにはある。

**海水浴の効用**

そそくさと汗にまみれた服を脱ぎ捨て、水着に着替える。浜辺には、キレイな更衣室や温水の出るシャワーも完備されている。監視員はおらず、音楽も流れていていない、静かな海水浴場。どこか「シークレットビーチ」の趣きを湛えている。

アチッ、アチッ、と熱い砂浜を素足で横切って、足を海に浸ける。

一足浸けただけで、もう快感が全身を駆けめぐる。

思ったより水がヌルいので、徐々に身体を慣らす必要もなく、このままじゃぶじゃぶと沖へ歩いていく。水のヌルさは、この浜辺が極端な遠浅になっているためで、少しずつ深くなると、ようやく冷たくなってくる。

池の浦には五〇〇メートルほどの砂浜が広がっているものの、このときの海水浴客は総勢で一〇名ほど。なんという贅沢。ひとりで沖へ向かって、ばしゃばしゃ泳ぐ。波は穏やかで、水も澄んでいる。クロール、平泳ぎに疲れたら、仰向けになってプカプカ浮かぶ。

この静けさ、冷たい水の心地よさ――。

沖合のブイ（一五〇メートルほどの沖合）まで泳いだら、クルリと向きを変えて、泳いできた岸辺を眺めてみる。陸地には白い砂浜が帯のように延びていて、奥には青々とした森が控えている。海抜〇メートルからの視点で眺めると、風景がガラリと変わる。普段の場所（陸地）が、海に浮かぶ静謐な世界のように感じられる。

それにしても、どうして海で泳ぐことが、こんなにも愉しいのだろう。

水と戯れる妙を語り尽くした『イギリスを泳ぎまくる』には、その魅力が明快に語られている。

泳いでいるときの物の見方、感じ方は独特だ。水中では人は自然のなかにいる。地上にいるときよりずっと強固に自然の一部、要素として組み込まれるので、自己の存在を強く実感できる。
（『イギリスを泳ぎまくる』）

よくわかる、この感覚は。水に包まれるということは、自然の心地よさだけではなく、ある種の内省的な行為であると感じる。陸での五感が水中ではすべて異なるので、自分の中に「眠っている感覚」が呼び覚まされるのだろう。著者のロジャー・ディーキンは、イギリスの海や川、湖、池、プールとあらゆる水たまりを求めては、季節を問わずに泳いだ。水に包まれる快楽、泳ぐことの陶酔が、ひしひしと伝わってくる。

自然の水には古来、癒しの力が潜む。水の自己再生力はなぜか泳ぐ者にも伝わり、水に飛び込む前は暗い顔でふさぎ込んでいた僕が、水から上がれば上機嫌で口笛を吹く。重力から逃れ、裸という絶対的解放を手に入れることで、自由と野性が目を覚まし、自然との一体感が増してゆく。
（同前）

そう、「水の癒しの力」は侮れない。冷たい水に浸かったり泳いだりすると、温泉とは別種の効用が生じる。海から上がって、冷たいシャワーで海水を洗い流すと、何より心身が軽くなっている。そして、海辺の景色が「透明感」を帯びていく。心地よさのせいか、目に映るものがきらきらと輝いているように感じられる。たとえいくつ齢《よわい》を重ねても、海で泳いだ後の心地よさは、きっと変わらないだろう。

海からの帰り道は、暑さも忘れて何もかもが軽い。

海水浴場から駅に着いてしばらくすると、鳥羽行きの下り列車（一三時五八分発）が滑り込んでくる。カメラを手にした一〇名弱が降り立って、さっそく駅周辺の撮影や散策に散らばっていく。そして、その三五分後にやってくる上り列車が、もう池の浦シーサイド駅の最終列車となる。

この列車に、先の一〇名とともに乗り込んで、駅を後にした。

うたかたの駅、池の浦シーサイド。

まばゆい夏の一日は、あっという間に過ぎ去る。

＊文庫版追記：池の浦シーサイド駅は二〇二〇年三月に廃止

# ⑭ 波田須駅
## ——三重県・紀勢本線

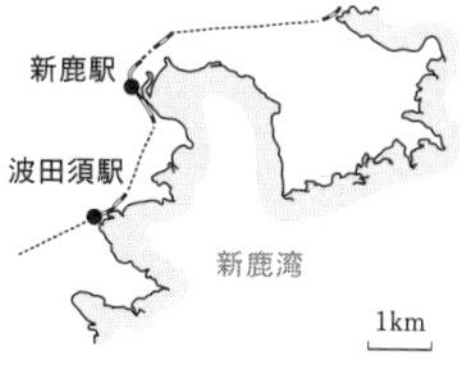


### 山間の無人駅

線路の先は、前も後ろもトンネルだ。

波田須《はだす》の駅前は車が入り込めるような広場もなく山が迫り、山間部の集落へと細い道が縫うようにつづいている。

駅周辺は山に囲まれた険しい地形のため、国道三一一号線は駅よりもずっと山側を通っている。車のみならず、人の気配もほとんどない。

ホームの端（西側）に立つと、棚田の先に海が見える。険しい海岸の沖に、熊野灘が光っている。

駅から海岸までの直線距離は、わずか一三〇メートルほど。線路の下をくぐり、田んぼの畦道を下っていくと海に出られる。小さな入り江になっていて、波は穏やか。ただ大きな岩がごろごろ転がる浜なので、浜辺に下りて波と戯れるのは難しい。少し離れたコンクリート岸から、ぼんやりと海を眺めたい。

波田須駅の夕暮れは、早く訪れる。駅周辺は山の陰になるので、夕陽が傾き出すとあっという間に暗くなる。ホームには上屋のあるベンチが設けられており、灯りが煌々とともり出す。やがて辺りはすっぽりと暗くなっていく。夜の波田須駅は、闇に駅だけが浮かんでいるかのよう。

もっと海の汀にも行ってみたい……。

熊野市で一泊し、翌日は波田須駅の隣、新鹿《あたしか》駅に出かける。この駅も海が近い。ホームからはほとんど海を望めないが、新鹿の小さな集落を抜けて五分も歩けば美しい砂浜に辿りつく。エメラルド色に透き通った遠浅の海と白い砂浜——。ここは地元で「日本一きれいな海水浴場」（新鹿海水浴場）と謳われている。

## 中上健次と新鹿

新鹿を訪れたのは、年末が近づく冬の日。

浜には誰もいない。

澄み切った青空から陽射しが降りそそぐため、師走なのに少し汗ばんでくる。

波田須駅

浜辺の近くで、あれこれ尋ねて、やっと行きついた。

そこは、湊《みなと》という集落の東端。

作家・中上健次がかつて暮らした家が、ここにある。

それは、一九八〇年一月のこと。

中上は、アメリカでの生活を打ち切って帰国し、この借家（熊野市新鹿町）に転居した。近くにある山の土地まで購入して、有機農法で畑を耕していたという。

当時の中上は、三三歳。

この新鹿の土地で構想が練られた短編「桜川」（『熊野集』所収）を見てみよう。

熊野市から大泊を通って尾鷲への道ではなく海沿いに狭い道に入り、徐福上陸の碑があるあたりに、ほどよい大きさの桜が並び、さらに新鹿の入り口から道におおいかぶさるように桜が続く。

（「桜川」『熊野集』）

新鹿に転居してから、中上は生まれ故郷である新宮《しんぐう》に、車でしばしば通った。この一文は、新宮から新鹿へ車で帰る際の情景が描かれている。曲がりくねった小さな国道三一一号線を使って、波田須駅の近くを走った、春の描写だ。「徐福上陸の碑があるあたり」というのは、波田須駅の近くにある徐福宮を指しているのだろう。

徐福伝説とは、昔そのまた昔、紀元前三世紀ごろの話。中国・秦の始皇帝は、不老不死の薬を求めて徐福を日本に送り込んだ。その徐福が上陸したのが波田須といわれている。結局、徐福は「不老不死の薬がない」と始皇帝に報告するわけにもいかず、そのまま中国へ帰らず日本に住みついたと考えられている（ただし、徐福伝説は波田須のみならず日本各地に存在している）。

新鹿で暮らした中上健次に、話を戻そう。

新鹿に咲いた桜の花は意味でも象徴でも暗喩でもなく、むきだしになった私の想いの名づけようのないかたまりだった。それからというもの、行くさきざきで桜の花が眼についた。

（同前）

このように中上は、新鹿や波田須に咲く桜に自己を投影していく。新鹿に転居してからは、「やる事なす事にそごを起し」（同前）ていたようで、作家としての葛藤は大きかったのだろう。

新鹿の借家に中上が住んでいたのは、アメリカから帰国してからの、たった半年間。その後は、かつて暮らした東京の自宅へと戻っていく。そもそも半年という短い期間とはいえ、なぜ中上は新鹿で暮らしていたのだろう。

ここ新鹿で、アメリカでの「疲れ」を洗い流したかったのだろうか。

「アメリカへ行って魂が涙を流すような孤独を味わってもさしたる事はなかった」（同前）とあるから、それはたぶん当たらないのだろう。

では、新鹿に故郷・新宮の「路地」を重ね合わせていたのだろうか。新鹿に転居したところ、故郷の新宮は土地の造成で、山が切り崩されて昔の面影は失われつつあったためだ。しかし、新鹿で畑を耕しては新宮で飲み明かしていたというから、それも当たらないのかもしれない。

おそらく、新鹿の桜の花と「むきだしになった私の想い」を重ね合わせていることから考えると（同前参照）、自身の魂が魂として発露するために、静かな土地を求めたのだろう。海と山と川に囲まれた、静かな、新鹿という土地を。そこで深く自己に向き合い、次の作品へと歩み出したのではないか。

中上の作品（「桜川」『熊野集』）を読んでいると、そんな思いがしてくる。そうして、やがて小説『地の果て　至上の時』（一九八三年刊行）へと結実していく。

中上が住んでいた家の近辺を歩いてみる。家のすぐ脇には美しい川（里川）が流れ、一分も歩けば、真っ青な海に出る。いや、一分もかからない。浜に出て、海を背にして立つと、濃い木々の山々が集落に迫っている。中上健次の長女である作家・中上紀は、新鹿で暮らした日々を次のように回想している。


湾に注ぎ込む川にかかる橋の近くに父は家を借り、小犬と鶏を飼った。（中略）新鹿は光で溢れていた。山の水がつくる、今までに見たどの緑よりも濃い緑があった。しかし私は戸惑いはしなかった。台風のあと、壁のように盛り上がって砕ける波の碧さを見て怖いと思うより美しいと感じることとそれはどこか似ているかもしれない。熊野の心で満たされている自分がそこにいた。

（「波の輝きよりも濃く」『夢の船旅』）

熊野（新鹿）の風景で心を満たしていたのは、アメリカから帰国した父・中上健次も同じことだっただろう。

アメリカで一歳に満たぬ子供を混えて一家でいると、それが初めての海外移住だったせいもあって表むきは来客や知りあったアメリカ人、日本人とのつきあいがありにぎやかだが、文学的に言うなら魂の凍りつくような孤独におちいる。（中略）私はアメリカでなづけようのないものになっている自分をみる。

（「桜川」『熊野集』）

中上健次が新鹿の地で暮らしていたのは、もう四〇年ほども前のこと。濃い海と山と川が、帰国後の作家を包み込んだ。

「魂の凍りつくような孤独」からの出発は、ここ新鹿から、静かにはじまっていた。

# ⑮ 湯川駅
## ——和歌山県・紀勢本線

### 往年の面影

湯川《ゆかわ》駅のホームに降りると、もう目の前に熊野灘の砂浜が広がっている。島式ホームは海岸に沿ってカーブしていて、異様に長い。そこに二両編成の各駅列車が、ちょこんと停止する。かつては急行「きのくに」や一部の特急「くろしお」がこの駅に停車し、近くの湯川温泉や海水浴場を訪れる行楽客で賑わっていた。

鄙びた広々としたホームには、立派な木造ベンチが据えられていて、かつての賑わいを偲ぶことができる。ホームに併行して延びるのは、国道四二号線。駅の静寂をよそに、車がひっきりなしに通り過ぎていく。

ホームから地下道を抜けると、駅舎に出る。コンクリート造りの広々とした構内で、

湯川駅

かつては多くの乗降客を捌《さば》いたのだろう。

　駅前の細い地下道を通って線路をくぐると、海はすぐそこだ。入り組んだ入り江の波は穏やかで、夏場には湯川海水浴場になる。

　一二月という季節外れのため、浜辺には誰もいない。

　浜辺から右手の岬に目を凝らすと、「大きな船」が遠くに見える。調べてみると、それは「太地《たいじ》くじら浜公園」に展示されている捕鯨船だった。かつて南極海捕鯨で活躍した船だ。そう、湯川駅の浜辺から、くじらやイルカ漁で有名な太地町はもう近い。

　この機会に、湯川駅からひとつ隣の太地駅に行って、太地町を歩いてみたい。

## イルカ漁の太地町へ

湯川駅から見えていた捕鯨船（太地くじら浜公園）の裏手に、「太地町立くじらの博物館」がある。太地町は古式捕鯨誕生の地。この博物館では、江戸時代初期（一六〇六年）からの捕鯨の歴史が詳しく学べるようになっている。

何よりの目玉は、自然の入り江を仕切ってつくられた天然プールがあること。ハナゴンドウやハンドウイルカを目の前で観察したり、餌をあげることもできる。

ここで考えさせられるのは、やはり近年のイルカ漁のこと。ここ太地町では「イルカの追い込み漁」が今も行われているため、「非人道的」という批判と、「日本の伝統」という擁護の賛否両論がうず巻いている。

イルカの追い込み漁とは、船と魚網で抜け道をふさいで、入り江に追い込んで捕獲する漁のこと。博物館から三〇〇メートルほど離れたところに畠尻湾《はたけじり》があり、その奥の影浦《かげうら》という小さな入り江に、イルカが追い込まれて屠《ほふ》られる。この入り江とイルカ漁の光景は、賛否両論が巻き起こったドキュメンタリー映画「ザ・コーヴ」（米国ルイ・シホヨス監督、日本では二〇一〇年に公開）によって、広く知られることになった。実際に畠尻湾へ行ってみると、奥の入り江（影浦）が見通せる場所へは、立ち入ることができない。イルカ漁反対派への対策として柵が設けられ、行く手を厳重にふさがれてしまう（警告文は「落石の恐れあり」などとして）。

畠尻湾

イルカの追い込み漁を是か非かの二者択一で考えるのは、なかなか難しい。論点は、捕獲手法のこと、資源量・資源管理のこと、歴史的・経済的背景、文化という観点、世界各国との足並みといった具合に、多岐にわたる。ただし、地元としては後ろめたいことをやっているわけではない。法に従い、許可された対象種を許可された範囲（捕獲枠・漁期）で捕獲しているにすぎない。

個人的見解としては、「資源が減少したと気づいたころには、もう遅すぎた」ということにならないかという点だけは、気になる。ニホンアシカやニホンカワウソといった、かつては日本全国の海に当たり前にいた動物も漁が行われ、いざ減少に気づいたときにはもう手遅れで、絶滅への道を辿ってしまった。そんなケースもある。

ここ太地町でも二〇一四年と二〇一五年は、ハンドウイルカをはじめとするイルカ漁は、記録的な不漁だった（『イルカ漁は残酷か』参照）。かつては壱岐島《いきしま》（長崎県）でも、一九九五年までは漁の魚（ブリ）を食い荒らしてしまうのでイルカの駆除が行われていたが、今では姿を現すことが減ってイルカ漁は行われていない（同前参照）。今や海の環境は、大きく変わりつつあるのか。あるいは、一時的なことなのか。

畠尻湾から、南へと歩く。太地漁港の近くには、東明寺《とうみようじ》がある。ここの境内には、古式捕鯨の時代に建てられた鯨供養碑がある。亡きクジラに対する特別な心情。もちろん、ここには小型鯨類であるイルカの供養も含まれているであろう。そこに込められているのは、命をいただくことの憐憫《れんびん》の情と感謝の念。そして命が循環していくことを祈る思い——。

イルカ漁の是非は揺れつつも、昔から今に伝わっている「命への思い」だけは揺らぎようのないものに感じる。

# ⑯ 和深駅

## ——和歌山県・紀勢本線

### 潮風のベンチ

和深《わぶか》駅の下りホームに、駅名標と木製ベンチがポツンと佇んでいる。

その先は、海。ここは枯木《かれき》灘《なだ》と呼ばれる海岸で、吉野熊野国立公園（旧・熊野枯木灘海岸県立自然公園）に指定されている。枯木灘とは、和歌山県南西部に位置する約四〇キロにもわたる岩石海岸。「海からの潮風で木が歪んでねじれて、枯れ木のようになる」ことに由来しているという。

駅から浜辺までは、歩いて三分ほどの距離。入り組んだ海岸線が美しい。小さな入り江になっているため、波は穏やか。近くの磯で竿を垂れる人を除けば、浜には誰もいない。

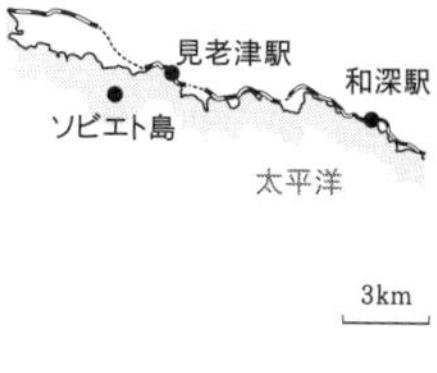

和深駅は、不思議な構造をしている。

上下線のホームは二面に分かれていて、上りホームに古い木造の駅舎がある。が、そこから海側の下りホームに行くのは、ちょっと大変だ。かつて存在した跨線橋は老朽化のために撤去され、駅前の道路から坂をしばらく下り、地下道トンネルで線路をくぐり抜ける。そこから急な階段を上って、ようやく反対側のホームへと到着する。つまり駅の構内をいったん出てから、線路をくぐって回り込まないと、向かい側のホームへ渡れない構造だ。

いちど上下ホームを間違えてしまったら大変だろう。急な階段も控えているので、一本乗り過ごしてしまうかもしれない。

以前あった跨線橋は、文字通り階段を上下して線路をまたぐもの。高齢者にとっては、決して利用しやすいものではない。しかし跨線橋がなくなって、さらに辛い構造になってしまった。この和深駅のように、古い跨線橋が撤去されて「さらに不便になる」ケースが、今や各地のローカル駅で散見される。老朽化した跨線橋の建て替えには大きな費用がかかるため、苦肉の策がとられているのだろう。

ベンチに座って下り列車を待っていると、おじいさんが隣に座る。

「跨線橋、なくなったんですね」と声をかけると、「そうそう。不便でしょう」と応えてくれる。とくに夜や雨の日は、苦痛だという。でも「イヤなら電車乗らんでくださ

和深駅（左ホーム上に「たまご」）

いっていわれても困るし」と、なんとも物腰がやわらかい。ゆるい潮風にあたりつつ世間話をしていると、ボヤキも穏やかになっていく。

この海側のホームには、丸い奇妙なオブジェが建っている。

駅を訪れたのは、二〇一六年の五月。かつて駅を訪れた際には何もなかったところなので、「唐突な出現」にちょっと驚いてしまう。

これは、高さ一・五メートルもある石彫の「たまご」と呼ばれるもので、平野功二作とある。紀南地方を舞台にした映画「たまご」の監督が、映画にちなんで那智石を削って制作したものだ。二〇一六年三月にアートプロジェクト（紀の国トレイナート）の一環として、駅に設置された。石の重さは一・三トンもあるとのこと。鄙びた駅に、なんともシュールなアートが佇んでいる。

## 珍名・ソビエト島へ

和深駅の目の前に広がっている、枯木灘海岸。

立ち寄るところはないかと、地図で事前にあれこれ調べていた。

――あった。

それは、小さな無人島。

珍名のソビエト島だ。「日本なのにソビエト島がある」ということは耳にしていたが、和深駅からこんなに近いとは知らなかった。

和深駅から下り列車に乗って、二つ目の見老津《みろづ》駅で下車。この駅も和深駅と同じく、海が近い。ここから歩いて見老津港へ。この漁港から釣り客用の渡し船が出ている。海況にも恵まれ、事前に電話もしていたので、港に着くとすぐに船を出してくれた。

いざソビエト島へ――。

港からソビエト島までは、約二・五キロ。陸地からの距離は近いが、沖ノ黒島という島の陰に隠れてしまうので、陸地からソビエト島を遠望することはできない。船で沖ノ黒島を回り込んだときに、はじめて目にすることができる。

ソビエト島

港を出て、およそ一〇分。

「アレだよ」と、浜丸《はままる》渡船の船長。

波がソビエト島をばしゃばしゃと洗っている。

船長は、上陸は危険なので隣の少し大きな岩礁（通称ナベ）に渡してくれる。鳥が花の蜜を吸うように、舳先《へさき》をちょんと岩礁にくっつけてくれる。その瞬間に岩へと跳び移る。そこから二〇メートルほど先に、ソビエト島が浮かんでいる。

ソビエト島は、変わった形をしている。沖側がナイフで切り取ったかのように、海底からスパッと迫《せ》り出している。この地形ゆえに、沖からの波がこの斜面を一気に駆けあがって、岩礁を洗う。ソビエト島の大きさ（長さ）は、おおよそ一五メートル。

謎の名称「ソビエト島」というのは、この「聳え（立っ）ている」島の形状に由来するといわれている。船長も「おそらく、そうだろうね」という。地元では「ソビエット島」とも呼ばれている。

つまり「そびえている→そびえとる→そびえっと→そびえと」に変化したと考えられる。実際に『すさみ町誌　上巻』（一九七八年発行）には、「ソビエット」と「ソビエト」の両表記が見られる。

もともとは古くから地元の通称として用いられていたが、二〇一四年に政府（総合海洋政策本部）はソビエト島を正式名称として決定した。そうして今や国土地理院などの地図にも明記されるようになった。そう、正式名称としたのは、岩ではなく島であることを対外的に示すという狙いがある。つまり、日本の領海を明確にし、海洋権益（排他的経済水域）を確固とするためだ。

ソビエト島から港に帰る際、船長は沖ノ黒島周辺の磯にいる釣り師に、マイクで声をかけていく。「釣れてますかー、今日は何時まで釣りますかー」と。メジナ（グレ）やイシダイ、クエなどを狙っているそう。

聳え立っているから、ソビエト島――。ソビエト社会主義共和国連邦（ソ連、一九二二～一九九一年）は、おそらく関係がない。

しかし、なんだろう。

ソビエト島の由来が、ソ連と無縁だったとはいい切れないのではないか……。

旅を終えてから、あれこれと調べてみる。

作家・中上健次の『紀州——木の国・根の国物語』というルポルタージュ作品がある。そこに所収されている「皆ノ川《かいのがわ》」の項では、「ソヴィエト」という表記が頻出している。皆ノ川とは、ソビエト島から直線距離で約三五キロ離れた、紀州の山奥にある小さな集落。

この集落ではかつて、数軒の家が共同出資して養豚事業が行われていた。かつての紀州の山仕事のように、ここでも強い共同体意識にもとづいて養豚業が営まれていく。「現在飼育豚数は約六百頭であり、最大二千五百頭までの飼育を準備している」（「皆ノ川」『紀州』）とあるから、それは大きな試みだったことだろう。

「皆ノ川」では、そんな一九七〇年代当時の集落がありありと描かれている。

中上は、この小さな集落を「皆ノ川コンミューン」「皆ノ川ソヴィエト」と名づけた。

集落の構成員に共産党員が含まれていたこともあるが、何より強い共同体意識があったために、この集落が中上はソビエト（ソ連）的であることを感知した。

「ソヴィエト、コンミューン。平たく言いなおしてみれば浄土とでもなろうし、楽土ともなろう」（同前）と、中上は記している。

この「皆ノ川ソヴィエト」のように、紀州では山がちである地形ゆえに、かねてから随所で共同体意識が育まれていた。いわば地形からくる閉鎖性ゆえに、一つひとつの集落では家族のような「共有の精神」が息づいていた。

もしかするとソビエト（ソ連）という国に対しても、遠い関係のない国ではなく、親和性のようなものがあったのかもしれない。つまり聳え立つ島をソビエト島と呼んでも、あまり違和感を覚えずにすむ土壌が紀州にはあったのではないか。

やや飛躍的ながら、少し整理してみよう。

かねてより、聳えているから「ソビエット」と呼ばれる島が、紀州にあった。

やがて、一九二二年にソビエト連邦（ソ連）が誕生した。

しかし、ソ連誕生以降もソ連に対する拒否反応のようなものがなかった（あるいは薄かった）ので、自然とそのまま「ソビエット島」「ソビエト島」として定着した。

――と、まったくもって想像の域を出ない。

ソビエト島という名称は、やはり「遠い国」を連想させる。

珍名島の旅は脳内トリップとしても、人を遠くへと誘《いざな》う。

# ⑰ 鎧駅
## ——兵庫県・山陰本線

**海を眺めるための、駅ベンチ**

海側ホームの脇にあるベンチに座る——。

鎧《よろい》駅は「海を見下ろすベンチ」があることで有名な無人駅だ。

広い空の下、眼下に鎧港、遠くに美しい日本海の入り江が見わたせる。

陽が傾くにつれて、茜色の空が広がっていく。だんだん暗くなってくると、遠くの海に煌々とした漁火（イカ漁）が浮かんでくる。空には、夕刻なのに早々と星がまたたきはじめる。

夜になると、駅の周囲は真っ暗。それでも海は夕陽の残照をしばらく湛えているので、暗くなってもベンチから海をずっと眺めていたくなる。

翌朝、浜坂《はまさか》駅からの一番列車に乗って、また鎧駅に降り立つ。またまたベンチに座ると、眼下には朝の静謐な海。本当に心地いいベンチだ。ベンチの近くにある小さな道は、集落や港へとつづいている。海抜四〇メートルの駅から急な坂を三分ほど下りていくと、港（鎧港）へと辿りつく。漁師はワカメを地面にキレイに並べて干している。

下りてきた急な坂をまた上って、駅のベンチへと戻る。ベンチで、ぼーっと海を眺めていると、通りかかった地元の人が足を止める。一緒にベンチに座って、話をしてくれる。

「今はね、大漁旗を掲げて帰ってくる船がすっかり少なくなっちゃったよ」

畑仕事に行くところだという、おばあさん。今年のワカメは……、岩ノリは……と、昨今の海の話をたっぷりと聞かせてくれる。

## その先の海へ――茶釜島

駅から見える、美しい但馬《たじま》の入り江。その先には、どんな景色が広がっているのだろう。

鎧駅から少し西側に範囲を広げて、見てみよう。隣の駅は、餘部《あまるべ》鉄橋（二〇一〇年からは新しいコンクリート橋）で有名な餘部駅。山と海が近接する険しい地形のため、

鎧駅（ホーム脇にあるベンチ）

集落を高くまたぐような形で、橋梁が設けられている。車窓や餘部駅からは、鎧駅と同じように海が見下ろせる。

その次の久谷《くたに》駅を過ぎて、三つ目の浜坂駅で降りる。ここ浜坂（港）は、ズワイガニ（松葉ガニ）とホタルイカの水揚げが、日本でトップクラスだ。浜坂港からは、但馬御《み》火浦《ほのうら》と呼ばれる美しい海岸線をめぐる遊覧船が出ているので、この船に乗って但馬海岸の風景をじっくりと眺めたい。

そもそも、鎧駅は鎧《よろい》の袖《そで》と呼ばれる切り立った崖の名前に由来している。その崖は、武士の鎧の袖に似た縞模様の海《かい》食《しょく》崖《がい》だという。ここ但馬海岸には、そんなゴツゴツした絶壁が連なっている。

遊覧船は一時間かけて、海岸線をなめ

るようにして、ゆっくりと東へ進む。

日本海の荒波に洗われた断崖、奇窟、奇岩……。船内はグラスボートになっているため、床から透明度の高い水中を眺めることもできる。船外からは、船長の解説とともに、険しい地形をゆっくり観察できる。

とりわけ気になっていたのは、茶釜島《ちやがま》。

和深駅の項で述べたソビエト島と同じく、この茶釜島もちょっとした珍名の響きがある。ソビエト島が正式名称となった同じ時期（二〇一四年）に、領海と海洋権益を明確にするため、この島も正式な名称となった。

茶釜島……。なんだか、とぼけたような愛嬌のある島名だ。国土地理院の「電子国土Ｗｅｂ」という地図で茶釜島を探して、事前に紙で出力しておいた。三尾《みお》という海辺の小さな集落の沖に、小さな岩礁が浮かんでいる。それが茶釜島。観光のスポットではないため、遊覧船のアナウンスはなく、船は茶釜島の脇をするすると通り過ぎていく。

やはり、茶釜、だ。

ずんぐり、ぽてっと丸みを帯びた岩が海に浮かんでいる。

よくわかる。この形状から、茶釜島になったであろうことが。島の頂上部にはポチっとした突起もあって、茶釜のフタ（取っ手）に見える。茶釜だけではなく、見様に

茶釜島

よってはキャップ（帽子）にも見えるし、カモノハシのような生きものが海面に顔を覗かせているようにも映る。

こうして、今や全国の名もなき小さな島（岩）が、コツコツと正式な島として「格上げ」されている。日本最南端の沖ノ鳥島のように、他国から「島ではなくて岩だ」と主張されないように、と。そう、島か岩かの扱いによって、海洋権益（排他的経済水域）の範囲は変わってきてしまう。

そんな今日的・政治的な意味を帯びつつも、茶釜島はのんびり佇んでいる。

お気楽なフォルムで、ただぼってりと、海に浮かんでいる。

# ⑱ 大山口駅

## ——鳥取県・山陰本線

### 遠くの海が見える

大山口《だいせんぐち》駅は、ちょっと異色だ。海といっても、海岸までは直線距離で一・五キロほど離れている。なのに大山口駅のホームの窓からは、遠くの日本海が近くに見える。駅の北側（海側）は、一面に田んぼが広がっているため、海まで視界を遮るものは何もない。それゆえに、遠くの海が見える。波音は聞こえないものの、遠くから眺める海もまた愉しい。ホームから海を眺めると、島根半島の東端が海に迫り出しているのが見える。

大山口駅は駅名の通り大山（標高一七二九メートル）への玄関口となっており、駅前からバスに乗れば、およそ三〇分で登山口に着く。大山は信仰が息づく霊峰かつ

大山口駅

伯耆《ほうき》富士と呼ばれる美しい山。そんな「山の駅」ではあるが、ホームから見える海へ向けて歩き出す。

やはり駅の北側は一面に田んぼが広がり、いっさい建物がない。風力発電の大きな風車だけが、海岸沿いにぽつぽつと建っている。

『大山町誌』には、駅がつくられる前の状況が描かれている。

「大山口地域一帯は、川辺の葦の中に狐狸がいるといわれるほど、周囲の村から離れた低湿地で、人家のあろうはずはなく」と、ある。

かつては何もなかったところだが、低湿地の水に恵まれる土地ゆえに、田んぼが広がっていった。

そんな田んぼに囲まれた道をひたすら

歩くが、海は見えども海は遠い。やっとのことで、海岸近くまで辿りついても、海岸の手前では鬱蒼《うっそう》とした藪に遮られてしまうので、どうしても海岸に下りられない。藪越しに、波の音が響いてくるというのに……。大山口駅は、遠くから海を眺めるのが妙であって、無理をしないほうがいいと判断。すごすごと駅に戻る。

## 大山口駅の戦禍

もう一か所、駅の近くに訪れたい場所があった。それは戦時中、アメリカ軍機によって列車が襲撃を受けたところ。

一九四五（昭和二〇）年七月二八日、午前七時一五分——。

鳥取発出雲今市（現・出雲市）行き列車が大山口駅に着くと同時に、多数の米軍機影が現れた。そのため列車は、線路の両側を土手に挟まれた場所まで約六〇〇メートル後進したものの、三機から銃撃（機銃・ロケット弾）を浴びた（「風はあの日を覚えてる」『朝日新聞デジタル』参照）。

列車は一般乗客や南方戦線から引き揚げてきた傷病兵、勤労学徒、国民義勇隊員らで満員で、約四五名が犠牲になったという。大山口駅前には、大きな慰霊の碑が建てられており、犠牲になった人の名前が刻まれている。

駅から線路に沿って、東へ一〇分ほど歩く。

列車空襲の現場（大山町）

線路を挟むように建っている古いコンクリートの用水路が、当時の現場だという。少し迷ったので、地元の人に訊いたところ「そこ、です。そのコンクリートのところ」と教えてくれた。「親から、当時のことをよく聞かされていましたから」と。

当時はこの辺りに松の木が生えていたという。土手に挟まれた地形かつ木が茂っていたことから、列車は大山口駅からここまでバックして避難してきた。ただし証言者の手記（『鳥取県の戦災記録』）を読むと、土手に挟まれたところに列車が避難してしまったからこそ、「逃げ場がなくなった」という見解もあった。

線路脇の被害現場を眺めてみる。機銃を浴びた用水路の古いコンクリート。小さな穴があるのは弾痕かもしれないが、『鳥取県の戦災記録』に写真が載っていた大きな弾痕は、もうコンクリートで修繕されていた。

当時は黒煙があがる蒸気機関車だったため、上空から見つかりやすかったこともあるだろう。大山口駅周辺は低湿地のため、米軍機にとっては見通しがよかったこともあるだろう。ただ襲撃を受けてしまったのは、戦争も末期の出来事。もう二週間余りで終戦を迎えたことを考えると、当時のことが胸に迫る。

今はのどかな大山口駅にも、戦争の爪痕は残っていた。夕刻、大山口駅からディーゼルカーに乗り込み、二つ目の伯耆大山駅で特急「スーパーまつかぜ」に乗り換える。特急の心地よいシートに深く身をうずめて、うつらうつら。

静かな夜を列車は走る。

このまま身を委ねているだけで、次の目的地まであっという間に届けてくれる。なんだろう。

終戦から七〇年以上が経った今は、なんだか申し訳ないくらいに平和だ。

でも、このことを当たり前に思ったときに、きっと「列車」はあらぬ方向に向けて走り出すのだろう。

# ⑲ 田儀駅
## ——島根県・山陰本線

### 海に足を浸すということ

小さな島式ホームから、日本海が見える。

右手（北東側）には、海を挟んで島根半島が横たわっている。半島に白い砂浜が延々とつづいているのは、薗《その》の長浜と呼ばれる美しい海岸線だ。島根県で最大の海岸砂丘となっている。

田《た》儀《ぎ》駅の広々とした景色が心地よい。

けれど駅の目の前には国道九号線が通っており、交通量が多い。開放感のある写真を狙いつづけては、通り過ぎる車にシャッターチャンスを阻まれる。しかも訪れた日は週末のためか、時おり渋滞まで発生していた。

田儀駅から島根半島を望む

海岸に下りてみよう。駅前の広場（手引ヶ浦台場公園）から階段を下れば、すぐ磯に出られる。水が澄んでいて、岩場には藻がゆらゆらと揺れている。

五月の海。さっと海水浴——というわけにもいかないので、足湯のように足を海に浸してみる。最初は少し冷たいものの、足はすぐ水温に慣れてくる。寄せては返す波が心地よく、足湯と同じくいつまでも浸かっていたくなる。

各地で少しでも時間があるときは、習慣のように「海水足浴」を愉しむ。

その魅力は、何より海と一体になれること。足を海に浸けていると、なぜか海の景色が違って見えてくる。おそらく、海のひんやりした冷たさが足から全身に伝わって、「海とつながっている感覚」になるのだろう。

そうして、ついつい長居してしまう。そそくさとタオルで足を拭いて、駅へと戻る。

**海を眺める人**

田儀駅に戻り、誰もいないホームで米子行きの列車を待つ。

タッ、タッ、タッ。

誰か来た。

小学生（高学年）、あるいは中学生だろうか。

まだあどけない少女が、ひとり駆け足でホームに入ってきた。

あれ、まだ列車が来るまでには時間がある……。

いつもの定位置なのか。

ホームの「ある場所」まで来ると、少女はピタッと立ち止まる。

そして、海を眺めて立っている。

その横顔は、凛としている。

ホームに急いで駆け込んできたのは、少しでも早く海を眺めたかったからだろうか。

あるいは、目的地への気持ちが昂ぶっているのだろうか。

傾きはじめた陽射しが、少女を照らす。

田儀駅

遠くを見つめる横顔には、希望と少しの不安が滲んでいるかのよう。

ただただ、かけがえのない瞬間を愛おしんでいるようにも映る。


それに比べて、私はどうだろう。

おそらく少女の三、四倍ほどの齢を重ねているのに、「田儀駅の写真を撮るのに、車がジャマ」などと、じつに実利的なことばかり考えている。心の中では「車、どいて」とつぶやくなど、外面のみならず、内面的な美しさもない。

これでは、いけない。

やはり海の旅をつづけよう。日常の浅ましさを洗い流そう。

田儀駅は二〇一六年一月に、裏手の山

が崩れて土砂が駅構内に流れ込んだ。

駅を訪れたのは、その三か月後だったので、まだ復旧工事が進められていた。土砂は一本のレールを完全にふさいでしまっていて、行き違いができない片側だけのホーム運用になっていた（二〇一六年七月三〇日に復旧）。

そんな痛々しい田儀駅だったが、やっぱり訪れてよかった。

列車に乗り込む際、先の少女は「どうぞ、どうぞ」と先をゆずってくれる。ホームで垣間見た横顔の凛々しさは、やはり内面が滲み出たものだった。

# ⑳ 馬路駅
## ――島根県・山陰本線

### 鳴き砂の琴ヶ浜へ

キュ、キュ、キュと、砂が鳴る。
まるで少し乾いた、小動物のような鳴き声。
砂浜で踵《かかと》を引きずるようにして、歩く。
愉しくなって砂浜をずりずりと進んでは、踵《きびす》を返してまた歩く。

鳴き砂（鳴り砂）の砂浜は、稀少ながら日本各地に点在している。
しかし、やっと「しっかり鳴る砂浜」に出会えた。
ここは、島根県の琴ヶ浜。琴の音のように砂が鳴くから、琴ヶ浜と名づけられたと

馬路駅

いう。白い砂浜は長さ一・六キロにもおよび、弓なりに延びている。

山陰本線の車窓から、琴ヶ浜の美しい浜辺がよく見える。馬路《まじ》駅のホームに降り立っても、砂浜がチラチラと望めるため、期待が高まる。

馬路駅のホームには、小さな待合室があって愛らしい。駅前はロータリーのような空き地になっている。振り返ると駅舎はなく、小さな厠だけがポツンと佇んでいる。

そんな静かな駅を背にして、海沿いの集落を抜けていくと、ばんっと広大な琴ヶ浜に出る。駅から歩いて、わずか五分ほどの距離。

真っ白な砂浜に下り立って、さっそく歩き出す。鳴るかな、と。

すると、「(もっと)こっち、こっち」と、波打ち際で清掃をしていたおじさんが、手招きしてくれる。鳴き砂はどこでも鳴るわけではなく、波に洗われたキレイな砂かつ乾いているところで鳴るもの。そのため、もっと波打ち際じゃなきゃダメとのこと。手招きしてくれた、波打ち際の乾いた砂浜を歩く。

どうだろう。

鳴ること、鳴ること。

惜しげもなく、鳴ってくれる。

ちょっと哀感が込められたような音で、「体育館の上履きの音」を思い出す。自分の歩みが、甲高《かんだか》い音となること。それが面白くて、むやみに音を出していたことを。

訪れたのは、四月中旬の土曜日。午前中ということもあり、浜にはほとんど人影がない。それもあって、延々歩き回っては音を鳴らしつづける。

澄んだ空から陽射しがたっぷり降りそそぐ。鳴き砂は海がキレイなことはもちろん、天候も重要な要素。晴天で砂が乾いているときにしか鳴らない。

**仁摩サンドミュージアム**

ひとつ隣の仁万《にま》駅にも降り立ってみたい。

駅から歩いて、仁摩《にま》サンドミュージアムへ。ここは全国でも珍しい「砂博物館」で、

琴ヶ浜で砂を鳴らす人（大田市仁摩町）

一年を計測する「世界一大きな砂時計」がある。

漫画『砂時計』は、ドラマ・映画にもなっているので馴染みのある人も多いだろう。『砂時計』は、ここ島根県石見《いわみ》地方を舞台にして、幼なじみが紆余曲折を経て、大人になっていく恋物語。

その中で、仁摩サンドミュージアムや砂時計、琴ヶ浜は、作品の重要なモチーフになっている。

「時間は戻らない　けれど過去は消えることはなく　しっかりと　今の私を支えていると思うのです」（『砂時計⑧』）というように、物語は「時の流れ」を最大のテーマにして、登場人物の心情が綿密に描かれていく。

随所で「目に見えない時間」を「砂時

計の砂」と重ね合わせつつ。

ここ仁摩サンドミュージアムは、巨大な砂時計（一年計）が最大の目玉。知識を得られる場所でありながら、誰もが見えない時間、流れる時間に思いを馳せられる空間になっている。

さらさらと流れつづける砂時計を眺めていると「あっという間に大人になってしまった」「気づけば中高年になってしまった」という哀感が込み上げてくる。

時間はいっときも立ち止まってはくれない。

いわば砂時計は、下に溜まっていく砂が「過去」で、上に残っている砂が「未来」だ。刻々と「過去」の砂が、積み上がっていく。

残りの砂を眺めると、あとどれだけの「未来」があるのかがわかる。でも砂時計と違って、人の一生は「残りの砂の量」が目には見えない。おおよその年齢だけを頼りに生きている。

「残りの砂」が多いのか少ないのかも、知らずに。


そうだ、わかった。

鳴き砂の心地よい理由――が。

時間は刻々と流れていく。

あっという間に、今という瞬間が逃げ去っていく。

あっという間に、何もかもが過去になる。

でも、鳴き砂は「今という瞬間」が確かに存在していることを教えてくれる。歩みを進めれば、キュッと鳴る。今、確かに自分は生きている。でもその音は、あっという間にかき消されて過去になる。もっと歩みを進めて、砂を鳴らす。その瞬間も自分は生きている。

どんどん面白くなって砂浜を歩き回るのは、「今、自分は確かに生きている」という強い認識をもたらしてくれるからだ。

鳴き砂のおかげで「今、ここ」という一瞬が、愛おしく思えてくる。

人生における「残りの砂の量」は誰にもわからない。

ただ、今という時間をひた向きに駆け抜けるしかない。

馬路駅からすぐに辿りつける鳴き砂（琴ヶ浜）は、そんな気持ちにさせてくれる。

# ㉑折居駅
## ――島根県・山陰本線

**待合室を出ると、日本海**

海に面した折居《おりい》駅ホームから、古い跨線橋で線路をまたぐと、小さな木造駅舎がある。その待合室を出て小さな道路を横切ると、すぐに海。幹線道路の国道九号線は線路の山手側を通っているので、駅前は静かな海の気配だけが漂っている。

ただ、海岸には護岸工事が施されている。消波ブロックがたくさん投入されているために、なかなか浜辺には下り立てない。近くの折居川を渡って、集落沿いにある道から、ようやく小さな砂浜に出ることができた。

通りかかったおじさんに声をかけると「(消波ブロックで)浜は傷まんようになったけど、もう昔の環境はないですわ」と、遠い目をしていう。ひと昔前は、この浜辺は

折居駅

夏場の海水浴場として賑わっていて、沖には飛び込み台もあったという。その指さす先には、今や消波ブロックがたくさん並んでいる。残された砂地は、もうわずかな広さしかない。
　消波ブロックの存在のすべてを否定しないまでも、巨大なコンクリートの塊は、おしなべて美しいものではない。ましてや、投入されている数が日本各地で異様に多い。
　折居海岸の場合は、駅から西へ五〇〇メートルほど歩けば、夏場は折居海水浴場にもなる美しい砂浜が、かろうじて残されている。
　折居駅前から海を眺めると、遠く西方に美しい島影が見える。

夕刻になると、島にある灯台が点滅しはじめる。この島は、約一三キロの沖に浮かぶ高島《たかしま》だ。面積は〇・三九平方キロ（周囲四キロ）という、小さな無人島だ。

この島には、かつて人が暮らしていた長い歴史がある。室町時代に武士が漂着して以来、六〇〇年の歴史を刻んだといわれる島。島民は、周辺の漁業を中心にして、畑で野菜などを栽培し、自給自足を主とする生活を送っていた。人口が増え、一九四七年には月四回の定期船が運航されるようにもなった。

しかし、一九七五年の三月二八日。

一一世帯、二八人の島民が集団で島を離れ、高島は無人化した。

移住先は、島の対岸にあたる島根県益田市土田町後溢《うしろえき》。ここは、島民が希望した「高島が見える（拝める）場所」。この後溢地区に、公営住宅と共同作業所がつくられた。

全島民の移住によって無人化した島は、全国を見てみると、八丈小島（東京都）や臥蛇島《がじゃ》（鹿児島県）などが挙げられる。しかし、それらのケースとは違って、島民が離れ離れにならず、集団で暮らす移住先がつくられたのは、せめてもの幸運だったように感じる。

そもそも、なぜ高島は全島民が離島して、無人化してしまったのだろう。

その背景は、島の過疎化にある。折しも、時代は高度経済成長期。高島は、出稼ぎなどによって急速に過疎化が進んでいた。最盛期のころ（一九四八年）の人口は一一三人を数えたが、一九七〇年には四一人に減少していた（『益田市誌　下巻』参照）。

さらに高島の場合は、一九七二年に山陰地方を襲った豪雨が、集団移住を決定的なものにしてしまった。豪雨によって島の崖が崩壊し、生命線である船着き場も土砂をかぶるなど大打撃を受けたという。

集団移住から、もう四〇年余りが経つ。

島で暮らしていた人々は、今どうしているのだろう。島は、今どうなっているのだろう。

## 集団移住先の集落へ

折居駅から、益田方面の列車に乗って鎌手《かまて》駅で降りる（折居駅から三つ目）。地図で調べてみると、高島の島民が集団で移住した集落（土田町後溢）は、この駅から歩いて行ける距離にある。鎌手駅近くの宿（民宿とみ）に泊まり、おかみさんから後溢地区にある公営住宅の場所を事前に教えてもらった。何もアテはないが、現地に行けば何か高島の話を訊けるかもしれない。

鎌手駅から三〇分ほど（約二キロ）歩けば、平屋の集合住宅が見えてくる。ここは故郷の高島を望める高台なので、高見集落または高見団地と呼ばれている。

訪れたのは四月中旬、週末の昼下がり。辺りはひっそりと静まり返っていたが、たまたま物置小屋で作業をしていた女性（島内温恵さん）に、そっと「高島のことを伺いたくて……」と声をかけた。

正直いうと、少し怪しまれると思った。「あなたは誰なのか」「何のために高島のことを尋ねるのか」、そして「（事前の連絡もなく）急に訪ねてくるなんて」と。

しかし、杞憂だった。「そうですか。まあ、まあ」と、温恵さん。

何も訊かずにご自宅に招き入れてくれ、夫の島内守さんを紹介してくれた。

守さんは一九五五年に高島で生まれ、中学校を卒業するまで高島で暮らしていた。その後は島を出て、通信制の高校に学びながら、島根や大阪などの会社に勤めた。一九七五年、高島にいた両親と祖母が高見集落に移住した際、守さんもここで一緒に暮らしはじめた。

妻の温恵さんの傍で、守さんは中学まで過ごした高島の思い出を語ってくれる。

高島から移住した守さんの両親は、やがて生活のために忙しく働きはじめたが、同じく移住したおばあさん（守さんの祖母）はずっと淋しそうだったという。集合住宅の裏手の土手には畑があり、そこでおばあさんは故郷の高島をよく眺めていた。守さんにその畑へ案内してもらうと、実際に高島がよく見える。直線距離では、一〇キロほどだ。

四〇年余りの歳月。変化は積み重なっていく。

今は守さんの祖母も両親も世を去り、この高見集落で、実際に高島で暮らしたことがある人は、もうほとんどいない。親が亡くなり、それぞれの子どもも都会に出たきり戻ってこないことが多く、高見集落は空き家が多くなっている。

守さんは、集落にある共同作業所を見せてくれた。美しく整頓された、畳敷きの広々とした空間。かつては島から移住した人たちが、ここに集ってタンスに使う板の下張り内職をしていた。近所にあった木工会社から、仕事を請け負っていたという。

高島での生活は、共有の精神が息づいていた。漁で獲れたものは平等に分け、船からの荷揚げは誰のものかは関係なく、島民総出の共同作業だった。島から移住した後も、この共同作業所でみんなが寄り添い、協働・共有の精神が保たれていたのだろう。移住後は、この共同作業所が「高島を象徴する場」となっていたに違いない。

気づけば二時間近くも、島内さん宅にお邪魔してしまった。

無人化して四〇年余りが経つ高島へ、行ってみよう――。

## 無人島・高島へ

いろいろ調べてみると、磯釣り用の渡し船が高島まで乗せてくれるものの、海況がかなり穏やかでない限り船は出ない。いったん自宅の東京へと戻り、天気予報を日々チェックする。約一か月後、ようやく事前に船の予約を入れることができ、高島へ渡る機会を得た。

船さえ出れば、高島は港（益田市大浜漁港）から約一二キロ沖に浮かんでいるので、三〇分たらずで高島に着く。ただし、出港は朝の五時、高島到着は五時半……と早い。

通称「コンクリ」と呼ばれている岩場（かつての船着き場）に、三人の釣り師ととも
に舳先から跳び移る。渡し船は磯釣りのための船なので、高島上陸後に船が迎えにきてくれるのは、正午になる。それまで六時間半もの時間がある。三人の釣り師は岩場で「大物のヒラマサを狙うよ」と、すぐに釣りの準備に取りかかる。

ひとりで島へと分け入っていく。

断崖の急な階段を上り、草木が生い茂る小径《こみち》を縫うように進む。木々や雑草に覆われた小径は、まるでトンネルのよう。陽射しが差し込まないので、辺りはひんやりとしている。深い森に入り込んでいくようで、小さな島なのに海の気配は完全に消えてしまう。海は木々に覆われて、視界に入らない。野鳥の鳴き声と風の音だけが辺りに響き、波音もいっさい聞こえない。

高島が無人化して四〇年余りが経っても、こうして小径が残っているのは、島にある灯台のおかげ。海上保安庁が灯台メンテナンスのため、時おり上陸しては小径の雑草を刈ってくれている。しかも迷い込まないように、小径に沿った木々にピンク色のリボンまで巻いてくれている。このリボンを辿れば、灯台までは迷わない。

高島

小中学校の校舎跡（高島）

念のため携帯電話の画面を見てみると、電波も通じている。

島の小径を奥へ奥へと進む。

かつての住居や学校は灯台までの道に点在しているので、暮らしの跡に触れることができる。あちらこちらで、家屋が木々に埋もれるようにして朽ち果てようとしている。その多くは、床が抜けて屋根が崩れている。屋内には練炭やビン類が転がっていたり、食器や鉄釜などが残されていた。屋外には瓦が散乱していたり、石臼やプロパンガスのボンベ、風呂釜なども散見される。

それにしても、高島は平坦地が少ない。

家屋は、段々畑のように斜面にかろうじて平坦地を確保してつくられていた。

小径をさらに奥へ進むと、ひときわ大きな倒壊した建物に突き当たる。ここは、かつての学校（鎌手小中学校高島分校）だ。屋根が崩れ落ちて床も抜けているので、屋内にはなかなか近づけないが、剝がれかけた黒板跡があった。

高島の家屋や校舎の跡は、朽ち果てた今でも「（かつての）汗の結晶」だと感じ入る。建物の跡には、平地をつくるために築かれた石垣が、きれいに残っている。船着き場の急斜面から人力で建物の資材を運んだなんて、いったい人々が何往復しなければならなかったのだろう。

結局、灯台までの小径を三往復もして高島で過ごした。最初は、高島を少し不気味に感じていた。朽ち果てようとしている、家屋や校舎。そんな無人となった生活の跡が生々しくもあった。

でもどうだろう。じっくり観察していくと、なぜか心が安らいでくる。落ち着いた静けさが島に満ちているように思えてくる。

それは、人が暮らした当時も、無人になって以降も、どこか人があたたかく島を見守っているからではないかと思う。外部の者が興味本位で立ち入って、島を荒らした気配もない。無人島となった以降も、元島民によるものか、数年にいちどは何らかの手が加えられているのではないか。きれいに家屋がなくなっている跡があったり、家屋跡でも草木が刈られた痕跡があったりと……。

そう、無人化してしまったという淋しさはあるにせよ、「見捨てられた島」という印象はわいてこない。人が暮らしていたときも、人がいなくなってからも、人に見守られている島。そんな印象を受ける。もちろん、歳月とともに人工物は朽ちていく。それでも、島への愛着や精神性は受け継がれて、今も脈々と息づいているのではないか。

当時の生活を少し振り返ってみよう（同前参照）。

水は天水と湧水に頼っていたが、一九五一年にようやく貯水槽が完成した。電気が使えるようになったのは一九五二年で、それでも利用は夜の六時から九時までの三時間に限られていた。通信手段は狼煙《のろし》か焚火によって、対岸にシグナルを送る方法が取られていた。一九五九年になって、ようやく無線電話が開通して災害時や急患時に大きな役割を果たすようになったという。

このように、生活の苦労は大きい島だった。

だからこそ、人は汗を流し、寄り添い、大らかな精神性を育んでいたのだろう。

無人化してから二五年後に記された、高島のルポルタージュ（「高島①〜⑦」『山陰中央新報』）は秀逸だ。かつての島での暮らしや移住後の元島民の思いが、克明に綴られている。

一九七五年三月二八日、集団移住の日。

高島を離れる最後の船——。

島民の思いが象徴的に描かれた箇所を引いて、締めくくりたい。

> 列をなして次々と〈島民が、島を離れる最後の〉船に飛び乗る。中には、担架に乗って運ばれるお年寄りの姿もあった。遠ざかる郷里。再び動き出したエンジンの音が、船内のおえつをかき消した。老婦人は、慣れ親しんだ島を見据えて静かに手を合わせ、目を閉じた。
> 「お世話になりました」
> （『山陰中央新報』二〇〇〇年五月一六日）

# ㉒ 木与駅
## ――山口県・山陰本線

**たったひとりの乗降客を探して**

二〇一六年の四月半ば。益田《ますだ》行きのディーゼルカーから、木与《きよ》駅に降り立つ。下車したのは、自分ひとり。上下線に分かれた長い長いホームが、かつての山陰本線の賑わいを物語っているかのよう。そこに一両の車両がちょこんと停車し、ひっそりと駅を発っていく。

木与駅には南国風のコンクリート駅舎があり、その待合室にはベンチがポツンと置かれている。利用者が少ないためか、駅はどこか所在なさげな雰囲気が漂っている。

かつて存在していた跨線橋は、もう撤去されている。そのため逆方向のホームへ渡るには、駅を出て国道一九一号線沿いから地下道をくぐって、反対側へ回り込まなければならない。

駅舎を背にして目の前の国道を渡ると、すぐ海だ。

この国道を西へ少し歩くと、国道脇から浜辺へ下り立つことができる。海の透明感が美しい。

海岸一帯は、北長門海岸国定公園に指定されており、松林が映える磯や美しい砂浜が広がっている。駅の東側には、木与集落の家屋が海岸に沿って点在している。

駅前の国道は車の往来があるものの、なかなか人には出会わない。浜辺にも誰もいない。

木与駅を利用している人は、いったいどんな人なのだろう。事前リサーチをしたところ、この駅の一日あたりの平均乗降客数は、わずか一名だった（旅行当時のデータ。執筆時のデータでは二名となっている。「国土数値情報　駅別乗降客数データ」平成二六、二七年度版参照）。

ひとりって、いったい……。

駅舎のあるホームとは逆のホームへ向かう。地下道をくぐって、下り方面のホームに出ると、青い海が望める。静かなベンチに腰かけ、ここで一〇時二〇分発の東萩《ひがしはぎ》行き列車を待つ。

列車が来るまで、三〇分以上もある。

木与駅

まだまだ列車が来ないため、すっかり気がゆるんでいた。

そのとき。

遠くから、じゃりじゃりと、足音が聞こえてくる。

ゆっくりゆっくり、足音は近づいてくる。ちょっと緊張する。もしかして、数少ない地元の乗客なのだろうか。

でも、ベンチには雨風除けの屋根と壁があるために視界を遮られて、その姿は見えない。壁越しに顔を出して覗くのも失礼な気がして、じっとベンチで待つ。

現れたのは、おじいさんだった。

先客がいることにも驚かず、ベンチの隣によいしょと腰かけて、遠くをぼんやりと眺める。まだまだ列車は来ない。おじいさんは、隣の奈古《なご》駅にちょっと用事が、という。たまに木与駅を使うものの、いつも誰にも会わないとのこと。集落に若い人はおらず、駅を使う学生もいないという。かつて集落には、おじいさんも通っていた奈古小学校木与分校があったが、一九六六年に廃校となっている。

「(木与集落の)家屋の多くはひとりか二人住まいの高齢者で、子どもは戻ってこない。認知症の人も多いし、私も身体がねえ」と、おじいさんは話す。

少し足腰が辛そうで、「どうにもならんですよ」「長生きするもんじゃねえです」と、繰り返し口にする。おじいさんは生まれも育ちもずっと木与で、駅も集落も変わっていく様子が少し淋しそうだ。

もしかすると、このおじいさんが「木与駅一日ひとり」の乗降客なのだろうか……。

やがてディーゼルカーが、ホームに滑り込んでくる。低いホームと車両には高低差があり、おじいさんはドアの柱を握った手を頼りに、ゆっくりと乗り込んだ。

## 「木与駅折り返し列車」の謎

その翌日。東萩駅を一五時一四分に発つ列車に乗って、再び木与駅へ。

ひとつ手前の奈古駅で多くの学生が降りたため、列車は自分ひとりになる。昨日につづき、また静かな木与駅にひとり降り立った。

この列車に乗ったのには、訳がある。

木与駅で折り返す列車

なぜかこの列車は「木与行き」だ。木与駅で折り返して、「長門市行き」となる（木与駅一五時三六分着の列車が、一六時〇一分発として折り返す）。木与駅には、朝夕を中心に何本かの列車が停まるが、木与駅で折り返す列車は、この一本だけ。

いったいなぜ、この列車は木与駅で折り返すのだろう。乗降客が極端に少ない木与駅ではなくて、ひとつ手前の奈古駅で折り返せばいいのではないか……。実際、奈古駅で全乗客が降りたために、奈古駅と木与駅の間は、自分を除けば誰も乗っていなかった。

調べてみると、二〇一六年三月のダイヤ改正が行われるまでは、この列車は「奈古駅折り返し運転」だった。しかしダイヤ改正によって、乗降客の少ない「木与駅折り返し」へと変更になり、ひと駅延長して運転されることになった。一見したところ「無駄」とも思えるダイヤ改正は、なぜなのだろう。

木与駅に着いた列車は、二五分後に発車する折り返し列車としてホームに停車している。ワンマン運転のため、運転手が運転台を前から後ろに移して、発車時刻を待っている。

運転手に訊いてみた。なぜこの列車は、「木与駅折り返し運転」となったのか。なぜ、人の少ない木与駅まで運転が延長されることになったのか、と。

その背景は、乗降客の関係ではなく、駅構内の設備にあった。

奈古駅は信号機の取り扱いを停止したため、列車の折り返しができなくなった。そのため信号機が使える木与駅で折り返すことになったという。おそらく奈古駅の信号機が老朽化したのだろう。

つまり、木与駅まで延長しても（きっと）お客は乗らないけれども、線路の設備上やむなく木与駅まで延長して運行することになった、ということらしい。

今日はこれから益田駅へと向かうので、まだ一時間半近く、ここ木与駅で次の列車を待つ。

そのため、長門市へと折り返す列車をホームで見送ろうとしていた。

もちろん、折り返しの列車には誰も乗っていない。

そのとき。

足早におばさんがホームにやって来て、ささっと列車に乗り込んだ。ひとりの乗客を乗せて、列車は間もなく木与駅を発った。

……。木与駅の利用者は、昨日のおじいさんだけではなかった。しかも、今折り返した列車は、以前は木与駅を発着しなかった列車だ。信号機の都合とはいえ、ダイヤ改正によって「新しい乗客」が生まれたことになる。たったひとりの乗客とはいえ、なんだかうれしい。

木与駅一七時二〇分発の益田行き列車が、ホームに滑り込む。

列車に乗り込もうとした際、当然、誰も降りてこないと思っていた。

しかし、予想に反して、やおらひとりのおじさんが列車から降りてきた。ホームに降り立つと、するすると駅舎を通り抜けていく。あれっ、昨日駅で会ったおじいさんとは違う……。

そう、これで木与駅では計三人の利用者に出会えたことになる。

よかった。駅は、まだまだ生きている。

木与駅を発った列車は、次の宇田郷《うたごう》駅に向けて、海岸線ぎりぎりを走る。

窓いっぱいに海が広がり、西陽が差し込んでくる。一両だけの列車は、帰宅する学生で賑やかだ。車内には一日が終わろうとしている和やかな空気が、満ちている。隣のボックス席に座っている女子高校生らが、仲間内で「ちょっと暑くない？　暑いよね」といって、窓の横に備えられている「扇風機ボタン」をポチっと押す。

車内に涼し気な風が、流れる。

列車は海に沿って、ごとごと、ごとごと、のんびり走る。

# ㉓ 飯井駅
## ——山口県・山陰本線

### レールの誘惑

高台にある飯井《いい》駅に降りると、ホームから集落が見下ろせる。

その先には——海が見える。写真では、なかなか海がうまく写り込まないが、実際には美しい海が望めるし、駅の静かな雰囲気もとてもいい。

ホームから、列車が発着する様子を眺めてみよう。

上り列車（東萩方面の列車）は、弧を描いた海岸線に沿って、車体を傾けながら駅に滑り込んでくる。そして、駅を出た列車は、また弧を描いて山々へと吸い込まれていく。

飯井駅の前後に延びるレールは、独特の艶っぽさがある。レールの曲線美、海と山の先へとレールが延びては消えていく情景。列車がやって来る高揚感と、去っていく寂寥《せきりょう》感。そんな鉄道情緒が惜しみなく表現されている駅だ、と感じる。

さて。

飯井駅は単式ホーム一面のみで、小さなブロック造りの待合室が佇んでいる。

高台のホームからは急坂の細い一本道が、集落に向けてまっすぐに延びている。

川沿いの小さな集落を歩く。家屋の赤い瓦が美しい。石見地方特産の石州瓦だ。ぽつぽつすれ違う人はみな、「おはようございます」と声をかけてくれる。制服姿の学生まで声をかけてくれるので、うれしくなる。

集落を抜けると、海に出る。駅から歩いて三分くらいと近い。海は、緑がかった青さを湛えている。浜辺は奥まった小さな湾になっており、飯井港としても用いられている。

港といってもコンクリートの立派な堤防や消波ブロックはなく、岩を石垣のように積み重ねた堤防があるのみ。その「慎ましさ」ゆえに、港といえども海が美しく、脇にある砂浜の水も澄みわたっている。飯井港から、沖に目を凝らすと、風景に遠近感のアクセントをつけるかのように、島や岩がぽこぽこと浮かんでいる。近くには法子《ほうし》岩《いわ》、遠くには有人島の相島《あいしま》などが見える。

ちょっと、むずむずしてくる。どこか、この海の先の離島へ行ってみたい――と。

この地域の離島航路は、主に萩港が拠点になっている。この際、いちばん遠くに位

飯井駅

置する見島《みしま》に行ってみよう。飯井駅から四つ目の東萩駅で降りれば、萩港までは歩いて行ける。

見島といえば……、個人的には「ユリヤガイが流れ着く島」という、ぼんやりとしたイメージを抱いていた。

## 見島のユリヤガイを探して

ユリヤガイというのは、嚢舌目《のうぜつもく》に分類される巻貝の一種。五ミリほどの大きさしかなく、貝殻もナメクジのような体も、ぜんぶ緑色。海藻の上で暮らし、海藻に穴を開けて、中身（細胞質）をチューチューと吸い出して食べるという（このような摂食方法は嚢舌目の特徴。『ウミウシ学』参照）。その際、海藻の葉緑体を取り込む（盗葉緑体）ので、全身が濃い緑色の体色になる。

その葉緑体のおかげで、ユリヤガイ自ら光合成を行うこともできる。また、緑色の体色は、餌の海藻に紛れるカモフラージュにもなっている（「盗葉緑体により光合成する嚢舌目ウミウシ」『光合成研究』参照）。

ユリヤガイの貝殻は、薄緑色で美しい。宝石のヒスイのような透明感のある緑色、エメラルドグリーンといった趣き。貝殻は、巻貝ながら二枚貝のような形をしている。

ユリヤガイが「貝殻コレクター」を惹きつけるのは、貝殻の色の美しさに加えて、その稀少さにもある。ユリヤガイはもともと数が少なく（棲息地は暖海のごく限られた範囲）、きれいな海かつ限られた浜辺でしか、貝殻は見つからない。昨今は、ますますその数が減っているという。

海洋生物学者であった昭和天皇は、ユリヤガイにお詳しかったそうだ。一九六三年に萩市をご訪問された際は、遠くの沖合に浮かぶ見島に思いを馳せて、次のように歌を詠まれた。


秋ふかき海をへだててユリヤガイのすめる見島をはるか見さくる

ユリヤガイがたくさん流れ着くことで有名だった見島への憧れが、歌に刻まれてい

見島（宇津集落）

る。そんな多くの人を惹きつける、ユリヤガイ。
そうだ。この機会に、見島でユリヤガイを探してみよう。
見島は萩港から約四五キロの沖合に位置し、面積は七・七三平方キロという、比較的小さな島。地図で見てみると、見島は山口県の陸地からは遠く離れており、日本海にポツンと浮かんでいる。このリモート（遠隔）感が、胸を躍らせる。高速船に乗って、見島の宇津《うづ》港までは一時間四五分。
まずは宿（北国屋《ほっこくや》）に荷物を預けて、そそくさと港の脇に広がる砂見田《さみだ》海岸へ。真っ白な砂浜に、真っ青な海。四月半ばというのに、快晴ということもあって、まるで夏の光景のよう。この美しい砂浜とその先にある磯を探していけば、きっとユリヤガイの貝殻は見つかるはず――。

さっそく、浜辺で四つん這いになる。ちょっと気になるのは、海岸沿いにコンクリートの細い遊歩道が設けられていること。大がかりではないにせよ、護岸されている。もしかすると、昔の美しい海岸とは様相が少し変わっているのかもしれない。

砂浜に顔を近づけて、じっくりと探す。

背中に太陽が照りつけ、砂浜の照り返しを顔面に浴びつづける。

暑い……。砂浜に膝をついて、ゆっくりゆっくりローラー作戦で探していく。波打ち際に近い乾いた砂地を、丁寧に丁寧に。あっという間に一時間が過ぎ、二時間が過ぎる。

もしやこの苦労のすべてが徒労に帰すのかと、だんだん焦る。そして、何より疲労が溜まっていく。ずっと目を皿のようにして、しゃがんだり四つん這いでいると、なかなか肉体的に辛い。

砂を「ミクロの目」で眺めつづけていると、ちょっと目まいを覚えてしまう。

というのも、見島の砂には微小貝と呼ばれる、ミリ単位の小さな貝殻が無数に散らばっている。命をまっとうして海流に乗り、長い時間をかけて浜辺に打ち上げられた、数々の貝殻。種類と色はバラバラで、それぞれが複雑な形状と模様を持っている。砂に目を凝らして細かく見れば見るほど、膨大な多様性にアタマが追いつかなくなる。

いったい、どれほどの生物の亡骸がここにあるんだ、と。しかも、これらの貝殻が流れ着くには、どれほどの時間の蓄積があるのか、と。

いったん宿に戻って、情報を仕入れる。宿のおかみさんによると、やはり護岸工事でユリヤガイ（が見つかる機会）は、減ってしまっているとのこと。護岸工事のために萩から砂が運び込まれたというから、もともとの見島の砂は、少なくなってしまっているそう。それでも、おかみさん自身、以前ユリヤガイを発見したそうで、昔ながらの砂が比較的残っていそうな場所を教えてもらう。

――陽が沈んでいく。かれこれ四時間以上は費やしたが、やっぱり見つからなかった。でも、見島の美しい海を散策できただけでも充分だ。きれいさっぱり、明日、萩港へ戻ろう。

と、自分にいい聞かせつつ、未練が残る。宿のおかみさんの助言で、萩港へ戻ってから萩博物館へ出かける。学芸員が、ユリヤガイについて詳しく教えてくれる。やはり見島でのユリヤガイは激減しているようで、角島《つのしま》（山口県下関市）ならば見つかるのではないか、とのアドバイス。ご自身でも、少し前に角島でユリヤガイを拾ったとのこと。

角島は、ここ（萩市）から西へ、直線距離でも五〇キロほど離れている……。少し悩む。でも、この機会に行ってみよう。

## 角島のユリヤガイを探して

翌日、山陰本線に乗って阿川《あがわ》駅へ。駅前に一台だけ停まっていたタクシーに乗って、角島へ向かう。角島は角島大橋があるため、車やバスで簡単に島へ渡ることができる。が、そこからが大変だった。

萩博物館でのアドバイスを参考にして、ユリヤガイを探す。しかし、この日は発達した低気圧の影響で、海は大荒れ。強風が吹き荒れている。浜辺では砂が強風に煽られて、ばちばちと全身に打ちつけてくる。顔面が痛い。風で波しぶきもビシビシ飛んでくるので、眼鏡が潮で曇る。もう、潮と砂で顔面はどろどろだ。修行のような一時間が過ぎて、もう完全に諦める決心がついた。

最後に、角島にある「つのしま自然館」に行って、ユリヤガイの実物を見せてもらおう。それで終わりにしよう、と。

「つのしま自然館」は愉しい。

館長が、「ユリヤガイ、ですか。この箱の中に角島の砂を入れてあります。ユリヤガイの貝殻も交じっていますので、どうぞ探してみてください」と、体験学習をさせてくれる。

あれ……。あった。これがユリヤガイの実物か——。

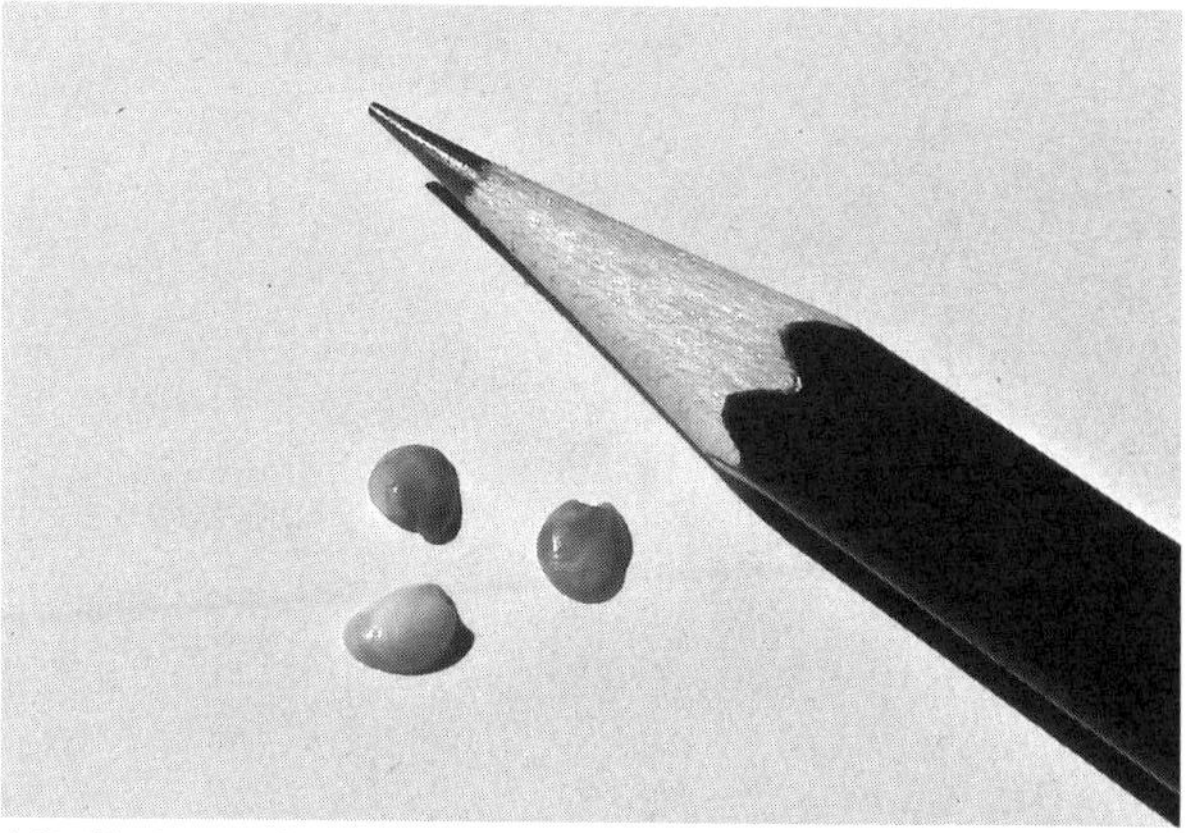
角島で拾ったユリヤガイ

やっぱり、薄い緑色が美しい。実物を目に焼きつける。館長に詳しい情報を伺ったので、本当に最後の最後のチャレンジで、角島の浜辺に再度出かける。館長が記念にくれた、ユリヤガイをポケットに入れて。

すると、どうだろう。

……あった。

……また、あった。

三〇分もしないうちに、二つの貝殻（約四ミリ大のユリヤガイ）を拾うことができた。あまりのうれしさに、自然館に戻って、館長に報告しに行く。

「ほほう、どれどれ」と、顕微鏡で見てくださる。

「確かにユリヤガイです。ひとつは、薄い色なので、もしかすると稀少なミシマユリヤガイかもしれない。単に色が褪《あ》せているユリヤガイなのか、ちょっと判別は難しいですけれど」と。

ちょうどバスが出る時刻だったので、角島からバスで山陰本線の特牛《こっとい》駅へと向かう。特牛駅は山間に佇む静かな駅で、情緒たっぷりだ。木造の駅舎内には、木製の改札が残されていた。

駅には誰もいない。そして、ベンチでは猫がスヤスヤと眠っている。猫用のマットが敷かれていたので、駅のベンチは近所の飼い猫がくつろぐ「定位置」となっている模様。

特牛駅から山陰本線で下って、下関方面へと向かう。新下関駅に出て、新幹線で東京へ戻ろう。山陰本線の車窓から海を眺めながら、カバンにしまい込んだユリヤガイのことを思う。

やっと見つかった……という余韻。

ヒスイ色のユリヤガイは、海の青さを象徴しているように思える。

自宅に戻ってから手にしたユリヤガイを眺めると、きっと、この旅をありありと思い出すことができるのだろう。

# ㉔ 田井ノ浜駅

## ——徳島県・牟岐線

### 徒歩〇分の海水浴場へ

出口は入り口になる。

田井ノ浜《たいのはま》駅に降り立ち、ホームから一歩踏み出せば、そこは真っ白な砂浜——。

ここは、海水浴の時期だけ営業する、臨時駅。

二〇一六年のケースを見てみよう。七月一六日から八月七日まで、二三日間の夏季営業となった。その期間、一日上下それぞれ四本の列車が停車した（そのうち上下各一本は、特急「むろと」）。

特筆すべきは、徒歩〇分で極上の海水浴場に踏み出せること。

ホームから砂浜に下り立つと、視界がパッと開けて、もうそこは夏の光線に満ちて

いる。白い砂浜と透明度の高い海に、思わず駆け出したくなる。

訪れたのは、二〇一六年の七月下旬。まだ学校が夏休みに入る直前の平日ということもあって、約一キロにもおよぶ浜辺に海水浴客の姿はまばら。監視員や清掃員がいて、海の家もある。駅の脇にあるスピーカーからは、音楽が控えめのボリュームで流れている。

美しさ、静けさ、明るさの三拍子が揃っている。どこか、多幸感に包まれた遠い日の海水浴場がよみがえってくる。無邪気に遊んだ、あの夏。そんな懐かしさが、じわじわと込み上げてくる。

泳ごう——。

水着に着替え、ひとりで海へ。日焼けによる疲労を溜めないよう、汗まみれのTシャツのまま、じゃぶじゃぶと海へ入っていく。

遠浅なので、一歩一歩ゆっくり身体を慣らしながら、沖へと向かう。

心地いい。愉快。そんな言葉しか思い浮かばない。ただプカプカ浮いたり、沖合をビシビシ泳いだり、潜って水中を観察したり……。

静かな海水浴場なので、時おりカンカンカンと、踏切の音が響いてくる。沖合から田井ノ浜駅を立ち泳ぎしながら観察すると、列車が駅に停車して、パラパラと降りてくる海水浴客が見える。すぐにホームから浜に下り立って、こちら側（海の沖合）を

田井ノ浜駅

眺めている。海の美しさに魅了されている様子がありありと伝わってくる。

波は穏やかで、水も澄んでいる。そのため、水中を眺めるとプールのよう。海底の白い砂浜が光を反射して、輝いている。波でできた砂紋が美しく、魚の群れが横切っていく。

プールとの違いは、水温の「まだら」。沖へ泳げば急にヒヤッとした水になり、岸へと近づけば急にヌルッとあたたかくなる。

沖合で若い二人組の女性が、たまたま近づいてきた。

浮き輪に乗って海に浮かんでいるだけなのに、甲高い声をずっと発している。ただただ幸せそうな表情だ。

あっという間に、一時間が過ぎる。

シャワーを浴びて、乾いたTシャツに着替える。木陰でごくごく水を飲む。田井ノ浜駅へ戻ると、海水浴を終えたばかりの乗客が、サンダルの砂をホームのベンチで落としている。駅を出れば海、海から上がると駅、だ。もちろん近くには駐車場もあるので、車を使う人も多い。でも海水浴を終えて、すぐに列車で眠ったり、ビールを飲んだりできるのは、鉄道ならではだろう。

駅を発つ列車を見送る。海から上がった乗客は、あとは冷房の効いた列車に身を委ねるだけ。なんて素晴らしい駅なのだろう。

今回の旅では、海水浴場の脇にある民宿（明山荘）で三泊することにした。

もう少し、田井ノ浜駅周辺を散策してみたい。

## アカテガニの大移動

田井ノ浜駅の周辺には、珍しい道路標識が建っている。

カニに注意――。

標識が車に呼びかけているのは、「この周辺に多く棲息しているアカテガニが、付近の道路を横断するので（轢《ひ》かないよう）注意してください」ということ。六～九月は、土手や山林に棲んでいるアカテガニが、産卵のために海や河口へ移動してくる。そのため、カニは道路を横断しなければならない。

産卵というのは、六〜九月（主に七、八月）の大潮（満月か新月）の夜、満潮の時間に合わせて行われる。日没後の三〇分ほどが、いちばんのタイミングだという。

今回の旅は、七月下旬の大潮の日を狙って訪れた。三日間観察してみると、昼間はまったくカニの気配がないのに、日没が近づいてくると道路近くの草むらにガサガサとカニが集まってくる。

ただ、それ以上の動きは見せない。

まさに日没前後になると……。

やはり、アカテガニが道路を渡りはじめた。

アカテガニは甲幅三センチほどで、赤い甲羅とハサミが特徴だ。もともとは、全国の浜辺や川の近くで比較的容易に見られたものの、急激に数が減っているという（『「奇跡の自然」の守りかた』参照）。

普段は陸地で暮らしているのに、産卵のときだけは海に入る。川に入る場合も、河口付近の淡水と海水が混じり合う汽水域となる。

メスのアカテガニが海岸に下りてきて、お腹に抱えた孵化直前の卵を海中でぶるぶる震わせ、卵から飛び出た子ども（幼生）を海に放つ（放仔《ほうし》）。幼生は、しばらくは海で育つ。やがて小さなカニの形に育つと（幼生からカニに変態）、陸（水辺）に上がる。さらに大きく育つと、乾燥にも耐えられるようになり、水辺から離れて森の中などで暮らすようになる。

日没の時刻、田井ノ浜駅近くを流れる田井川を観察してみる。

山から下りてきたアカテガニは、川沿いの道路を横切ると、ガードレールを通り抜けて川辺の湿地へと下りていく。この辺りは河口が近いので、淡水と海水が混じった汽水域となる。

草木が湿地に生い茂っているので、アカテガニの行く先をなかなか追いかけられない。なんとか湿地の奥へと足を踏み入れてみると……。

足元から無数のフナムシのようなものが、四方八方に素早く逃げていく。踏まないように恐る恐るまた一歩踏み出すと、また同じように散っていく。よく見ると、甲幅一センチにも満たない、無数の子ガニ。まだ体が赤くなっていないが、これはアカテガニの子どもだろう。近くの湿地では、大人のアカテガニが体を水に浸して、体を立てながらじっとしている。これは、幼生を放つ体勢だ。

幼生が海で育ち、やがて海から戻ってきた子ガニは、このような湿地で暮らしている。子ガニは海に近い湿地で大きくなって、やがては山の奥へと活動域を広げていく。

陽が落ちると、辺りは少しずつ暗くなっていく。懐中電灯をともして、道路を渡るアカテガニを踏まないように歩く。

しかし時おり車がびゅんと通っていくので、轢かれる瞬間を目撃してしまう。カニ

田井ノ浜海水浴場

[左] 道路を横断するアカテガニ　[右]「カニに注意」の標識

の破裂する音が耳に残って、やりきれない気持ちになる。道路には、車に潰されたカニがいくつか横たわっていた。

車の存在が恨めしい。しかし、車のドライバーにとっても辛いのは「カニを避けようにも避けようがない」ということだろう。カニ自身は車が近づくと、振動に気づいて警戒態勢になる。ただ下手に車が避けようものなら、ちょうどその方向にカニが逃げて、潰されてしまう。車はカニを避けるというよりも、徐行するより他に手がない。

宿（明山荘）の主人は「五年ほど前までは、すごかったんですよ」という。家屋にもたびたびアカテガニが入り込んでくるし、夜も朝もカニが道路いっぱいにあふれていたとのこと。カニが道路を渡っているというよりも、辺り一面を覆っているので、車で通行する際は、徐行しつつもベシャベシャ踏みながら進むしかなかった……という。

しかし、なぜか五年ほど前から、アカテガニが道路にあふれ出さなくなっているという。

なぜ最近はカニが減っているのだろう。

なかなか原因はわからないが、カニの立場で考えてみると、以前より棲みにくくなっていることは確かだろう。河口には水門があるため、川から海に出るには水門の脇にある小さな排水溝を通るしかない。川を観察していると、水門が水の流れをほとんど堰《せ》き止めてしまうので、水が淀んでいる。川や河口の護岸改修も進んでいるので、カニの棲息域はコンクリートがどんどん幅を利かせている。さらには、道路で車に轢かれる危険性もある。そんな複合的要因で、次世代のカニが育ちにくくなっているのではないか。

減っているのは、アカテガニだけではない。

宿の主人の話では、海水浴客も年々少なくなってきているという。実際に田井ノ浜駅の一日あたりの平均乗降客数を見てみると、一二人から四人へと減少している（「国土数値情報　駅別乗降客数データ」平成二四年度版と平成二七度版の比較）。

海水浴場にある海の家は、かつては四軒も営業していたが、客の減少によって一軒のみになってしまったという。唯一となった海の家は、かろうじて営業をつづけている。「今年も来たよ、来年も来るよといってくれるお客さんがいるから」と。

海水浴が当たり前の「夏の余暇」ではなくなってきている。大人だけではなく、子どもも夏休みの部活や塾通いなどで忙しい。そのため、地元の観光協会は毎年ＪＲ四国に要請しているという。「今年も地元で海水浴客を招く努力をするので、例年通り田井ノ浜駅を開業してほしい」と。

こうした多くの努力によって、田井ノ浜駅と海水浴場は守られている。夏は長い。

でも、あっという間に過ぎ去る。
やはり、いくつになっても海水浴に出かけよう。
列車で田井ノ浜駅に降り立てば、すぐそこに海が待っている。

# ㉕ 下灘駅
## ——愛媛県・予讃線

### あの日の自分はどこへ消えた？

「青春18きっぷ」のポスターには、いつも心を揺さぶられる。

レトロな列車や駅。のどかな風景。通り過ぎた日々への懐かしさ。ポスターのような「原風景」を求めて、広告の思惑通りなのか旅に出たくなる。

そんな「青春18きっぷ」のポスター広告でとりわけ有名になったのが、ここ下灘《しもなだ》駅だろう。ポスターには、これまで三回も採用されている。

下灘駅はどこを写真で切り取っても、背景に空と海（伊予灘）が美しく写り込む。ホームには上屋とレトロなベンチがあり、海を眺めながら列車を待っている時間そのものが、もう絶景旅だ。

一九九八年冬の「青春18きっぷ」のポスターを見てみよう（『「青春18きっぷ」ポスター紀行』参照）。ポスターの写真では、下灘駅のベンチに旅行鞄を携えた「二〇代と思しき女性」が佇んでいる。海に沿ったレールは、駅の先へ先へと延びている――。

そのポスター写真に一文が添えられている。

駅に着いた列車から、
高校生の私が降りてきた。

という、コピーだ。

そこに込められているのは「旅をするということは、今を旅するだけではなく、過去を旅することでもある」ということだろう。そう、旅によって「（若い）あのころの自分」に戻れるんだと。そして「（ポスターの）レールが先へと延びているように、人生はまだまだ先がある。（学生時代の）瑞々しい自分を忘れないで」というメッセージも込められているのだろう。

大人になると、なんだか時間があっという間に過ぎていく。仕事は大変で、人間関係はややこしく、いつも目の前のことに追われてしまう。そうして、ややもすると心が曇ってしまう。仕事も人間関係もメリットがあるとかないとか、そんなことばかり

下灘駅（遠景に青島）

で、ついつい「本当に大切なこと」を見失ってしまう。

だからこそ、いくつになっても「時間を巻き戻す旅」というものが、誰にとっても大切なのだろう。大人になる期待に胸を膨らませていた、あのころを思い出す旅が。

下灘駅は、そんな旅に誘う駅だ。

下灘駅の目の前は、海――。

といっても、厳密には駅と海の間には、国道三七八号線が通っている。この国道は車の往来が多く、海岸はコンクリートできっちり護岸されている。下灘駅が開業した当時、国道はまだ通っていなかったため、かつては「日本一海に近い駅」とも呼ばれていた。今は海岸に近づいてみても、国道と護岸があるために「情緒あふれる海岸線」というわけにはいかない。しかも突堤が設置されているわずかな箇所でしか、海岸には下りられない。

海岸から駅へと戻る。小さな木造の駅舎は手入れが行き届き、隅々まで美しい。再びホームに出て、ベンチに座って海を眺める。やはり、ここがいちばん心地いい。下灘駅は高台に位置しているため、駅からは護岸された道路も車の喧騒も気にならず、ゆったりと海を見わたせる。

ホームから、対岸に小さな島影が見える。約一三キロの沖合に浮かんでいる、青島《あおしま》だ。この機会に、対岸の島へと渡ってみよう。

## 猫の楽園・青島へ

下灘駅から下り列車に乗って、三つ目の伊予《いよ》長浜《ながはま》駅で降りる。この駅の近くにある長浜港から、一日に二便（午前・午後）、青島へ渡る定期船が出ている。ただし、この船はちょっとした波や風でも欠航になるため、なかなか乗船の機会には恵まれない。しかも船が出るかどうかは、現地（長浜港）に行って確認しなければならない。

一月の下旬。冬場のせいか、やはり船は欠航がつづいていた。旅の一日目は二便とも欠航、二日目の午前便も欠航した。そして四度目の挑戦（二日目の午後便）で、ようやくの運航となった。

およそ三〇分で、船は青島の港へと滑り込む。出迎えてくれるのは、久々の船の到着を待ちかねた島民——ではなく、島猫だ。にゃおにゃおと、船が着くなり下船客を歓迎してくれる。

船から人が降りて歩き出すと、猫もわらわらと後についてくる。

青島は、島民が約一五名に対して猫が約一〇〇匹という、猫の楽園だ。近年は愛猫家が全国から訪れるようになった。

船で一緒になった女性の旅人と話すと、なんと香港から来たという。しかも以前に二回も来日して青島を訪れようとしたが、船が欠航したため、今回は三回目の青島挑戦だという。過去には男木島《おぎじま》（香川県）や相島《あいのしま》（福岡県）など、日本各地の「猫島」を旅しているというアクティブさ。スマートフォンで、旅先で出会った猫の画像をあれこれと見せてくれる。

港の近くで、島のおばさんと立ち話をする。

「子どもが島を出てったら、もう帰ってこないし。親も高齢で通院の必要が出てきたら、子どものいる都会に出ていって、そのまま島を離れてしまうケースが多いから」と、人がどんどん減っていく島の現状を口にする。実際、青島にあった中学校は一九六六年になくなり、小学校は一九七七年に廃校となっている。島の人口は減ったが、飼われていた猫は繁殖。そうして人と猫の数が逆転しているのが、青島の現状だ。

島をぶらぶら歩く。

旅人は、みな思い思いの場所に散って、猫とたわむれている。写真を撮ったり、なでたり、餌やり場で餌をあげたり。

普段、私は格段に猫が好きなわけではない。でも、なんだろう。この島に来ると、「にわか愛猫家」になる。その魅力は、島猫特有のゆるさ。のんびりした気質で逃げないし、警戒心もなく人に近づいてくる。愛らしいので、ついついなでたり、写真を撮ってしまう。

帰りの船が出る時刻が近づく。ここ青島には宿がないため、旅行者は日帰り旅行となってしまう。ぱらぱらと港に戻ってきた旅人の表情には、満足感と名残惜しさが交じっているかのよう。先の香港からの旅人も、余韻を引きずっているのか、口数が少ない。親指を立てて、ただひとこと「必ずまた来るよ」という。

船が青島港を離れる。島影が少しずつ遠ざかる。

下灘駅の沖にある島は、多くの猫が出迎えてくれる和やかな島だった。

そんな青島に全国、ひいては海外からも観光客が訪れるということは、自分自身を

青島の猫

含めて、みんな普段の生活に「生きにくさ」を抱えているのかもしれない。生きにくさというのは、きっと目まぐるしい日常のスピードに起因している。

目の前のことに追われて、時おり心が曇ってしまう。「あの日の自分」が遠くなっていく。

青島は猫を媒介にして、そんな忙しい日々のスピードをゆるめてくれる。

伊予長浜駅で、香港の旅人と別れた。手を振りながら「これから、人が多くてビジーな街へ帰るわ」と、自嘲気味にいう。でも、その表情には「青島効果」とでもいうような、満ち足りた明るさがあった。

# ㉖ 安和駅 ——高知県・土讃線

## 南国の気配

　まるで海を眺めるためにつくられた駅のように感じる。安和《あわ》駅は、海沿いの高台にホームがあるため、目の前の安和海岸を広く見下ろせる。ホームにあるベンチの前に、視界を遮るものは何もない。見えるのは、ただ海と空のみ。南国を思わせる、明るく青々とした海——。

　ホームに青いトタン屋根の待合室がちょこんとあるだけで、駅舎も厠もない、シンプルな駅だ。集落は駅から少し離れた海沿いにあるため、駅の周辺はひっそりとしている。

　駅前の細い道を下ると、国道五六号線に合流する。そして線路をくぐり海沿いの集

安和駅

落を横切ると、広い砂利浜の海岸に出る。

訪れたのは一月下旬、平日の昼下がり。浜辺には誰もいない。海は穏やかで、波もほとんどない。

安和駅の高知方面（上り方面）は、すぐトンネル（安和トンネル）に入る。このトンネルがある山に、坂道の細い旧道が通じている。駅近くからその旧道を上っていくと、安和駅と海岸を一望できる。「安和駅の前には、こんなにも広大な海が広がっていたのか」と、あらためて驚かされる。

旧道をさらに歩いていくと、国道五六号線に合流する。ここまで山道を上ると、安和駅に戻るのもけっこう面倒だ。どうしたものか。

次の目的地は、隣の土佐新荘《とさしんじょう》駅。その

駅前を流れる新荘川をいちど見てみたいと、旅を予定していた。

時刻表で調べてみると、隣の土佐新荘駅までは（営業キロで）三キロ。近くはない。でも、そんなに遠くはないはず。もう、このまま隣の駅まで歩いてみよう。

いやはや、しくじった。

長いトンネルはあるし、道（国道五六号線）は線路よりも曲がりくねり、アップダウンも激しい。びゅんびゅん車に追い越されつつ歩くのは、あまり愉しいものではない。とくに長いトンネルは、トラックなど大型車の轟音と風圧がすごいので、少し気が滅入ってしまう。

汗にまみれて土佐新荘駅に近づくと、大きな川に突き当たる。やっと、新荘川に着いた。川に沿って、河口近くから上流に向けて歩いてみる。新荘川にはしっかり護岸が施されていて、なかなか河原に下りることができない。

川はそこにあるのに、川が遠い。

やっと、橋の袂《たもと》から川原に下りられる小さな道を見つけて、川面に近づく。

河口に近い下流なのに、思ったよりも水量が少ない。美しい水が滔々《とうとう》と流れる――という清らかな情景ではなかった。川辺に人影もなく、護岸工事のショベルカーが遠くに見える。

## ニホンカワウソ、最後の川

なぜこの新荘川が気になるかというと、ここは絶滅してしまったニホンカワウソが最後に目撃された川だからだ。その記録は、一九七九年のこと。一九八〇年以降はニホンカワウソの発見がないことから、環境省は二〇一二年に絶滅種指定をした。

かつては日本各地に棲息していたニホンカワウソ。最後まで残った棲息地は、愛媛県と高知県だった。そこには大食漢であるニホンカワウソが生きられる美しい川と海が、かろうじて残っていた。

まだニホンカワウソが日常的にいた、大正時代の情景（愛媛県）を見てみよう。

手釣り舟の「かんこ（活け間）」に小魚を生けておくと、時々カワウソが舟の台張りに前足をかけ、首を伸ばしてあたりを見回し、人がいないことを確認すると、舟に上がり、「かんこ」のす板をはぎのけ、活け間に忍び込み、生きている小魚を横取りして逃げた。（中略）また、夏から冬にかけて凪の夜に、イカ釣りに出かけ、うつらうつらと櫓をこいでいると、突然、岩場からカワウソが海に飛び込み、たまげることがあった。

（『ニホンカワウソの記録』）

「蛙飛び込む水の音」ならぬ「カワウソ飛び込む水の音」――。

ニホンカワウソがいた夜の海には、ひっそりとした静けさが漂っていたのだろう。

ニホンカワウソは、海岸や河口、川を行ったり来たりして暮らしていた。主に夜行性で、海から河川そして山間部にいたるまでの生活圏は、一〇〜二〇キロにもおよんでいたという。カワウソが一日に食べる餌量は一キロ程度と、大食として知られていたが、それは海・川・陸という行動半径（活動量）の大きさにも関係している。

そもそも、なぜニホンカワウソはいなくなってしまったのだろう。

ニホンカワウソの毛皮や肝は、高価な商品として取引されたため、明治以降に乱獲された（肝は漢方薬として）。一九二八年には捕獲が禁止されたものの、密猟はつづいた。さらには棲息環境の悪化が、個体数の減少に追い打ちをかけていく。

とくに一九六〇年代からは高度経済成長にともない、各地にあった棲息域の海岸と川の環境が大きく変わっていく。海では道路建設とコンクリートの護岸工事によって岩礁が減り、餌となる磯魚、エビ、カニも減る。川では河川改修工事と大規模な堤防工事が進み、川魚やウナギが減っていった。

ここ新荘川でも、一九五五年以降は河川工事が盛んに行われた。巨大な堰《せき》が建設され、川から農地や家庭へと多くの水が送られるようになった。（取水による）川の水量の減少とともに、ニホンカワウソの餌資源である魚類は減少。餌だけではなく、河川改修（コンクリート化）によって棲みかの環境も悪化していった（「高知県新荘川にお

ニホンカワウソの剥製（愛媛県立とべ動物園）

いてニホンカワウソの存続に影響を与えた要因」『黒潮圏科学』参照）。

ニホンカワウソは各地の伝承で、キツネやタヌキと同じく「人を化かす」とされていた。

カワウソは「河童のモデル」といわれる。平らな頭をして、ときどきは立ち上がって周りをきょろきょろ見回している姿から、カワウソが長命になるとエンコ（猿猴《えんこう》）・河童になると信じられていた。

そんな愛らしく、少しとぼけたようなニホンカワウソは、もういなくなってしまった。

ニホンカワウソを最後まで育んでいた新荘川――。

かつての新荘川の情景を想像してみよう。きっと川は生活に遠い存在ではなく、すぐそこにある身近な存在だったのだろう。地域の人たちは魚を捕るという実益のみならず、川原で遊んだり夕涼みをしたりと、川と生活はつながっていた。そして、時おりニホンカワウソがひょっこり川に現れていたに違いない。

それを見て、「河童さんが出たから、お家に帰りましょう」「早く帰らないと、化かされるよ」「おヘソを盗られるよ」などといって、大人は子どもの手を引いていったのだろう。

時間は巻き戻せない。もう想像することしかできない。

川とともに豊かな時間が流れていたことだけは、ありありと想像できる。

# ㉗ 小長井駅
## ――長崎県・長崎本線

### 薄暮の有明海

海の見える無人駅において、いちばん愉しい時間帯は夕刻だと思う。

朝の静謐さも捨てがたいが、朝は陽が昇るとあっという間に「昼の風景」へと移行していく。その点、夕刻は少しずつ少しずつ色を変えていく。夕闇が近づいてきて、灯りがともり出す。そんな静けさに包まれると、きっと誰もが優しい気持ちになる。

ここ、小長井《こながい》駅の夕景も美しい。

島式ホームは、有明海に面している。そこは日本最大の干満差のある干潟の海。泥地の豊かな浜辺が沖合までつづいている。干潟が広がる海は、波立たない独特の風情がある。波の音はしないものの、完全な静寂というわけではなく、耳を澄ますと干潟から小さな音が響いてくる。それはカニをはじめとした干潟の生きものの息遣い。パチッ、パチッ、と。

　小長井駅の小さな駅舎を出て、国道二〇七号線を諫早《いさはや》方面に少し歩くと、線路をくぐる細い地下道がある。そこを通り抜ければ、干潟の海に下り立つことができる。実際に浜辺に近づくと、やはりあちらこちらからパチッ、パチッと乾いた破裂音がする。足元の小さな石を持ち上げてみると、小さなカニを簡単に手で捕まえられる。また他の石を持ち上げては、ひっくり返してみる。カニをいじっては、放す。なぜか訳もなく衝動的にカニをいじりたくなる。

　辺りが少し暗くなってきたので、小長井駅へと戻る。誰もいないホームから、海を眺める。

　夕闇の空に、茜色が交じっている。有明海を挟んで、遠くに島原半島が延び、雲仙岳がシルエットになって空に浮かんでいる。陽が沈んでホームに灯りがともっても、遠くの景色はまだ残照を湛えていて、少しずつ少しずつ闇と同化していく。

　小長井駅は長崎本線にありながら、停車する列車本数が少ない。ひっきりなしに特急「かもめ」が通過していく。やがてホーム周辺も真っ暗になって、長崎行きの各駅停車に乗り込んだ。

小長井駅

## イソギンチャクを食べる

干潟でカニをなでていたせいか、何かもっと「有明海に触れたい」という気持ちがわいてくる。宿のベッドであれこれと考えた。ここはひとつ、有明海の郷土料理を食しよう。それも触れ合いの一種だろう、と。

翌日は諫早駅前で車を借りて、国道二〇七号線を東へ向けて走る。この国道は、有明海に沿うように佐賀県まで延びている。前日の小長井駅を通り過ぎて、道路沿いの郷土料理店を探す。しかし、行き当たりばったりのリサーチ不足もあって、なかなか目当ての品が見つからない……。

かつて有明海名物のムツゴロウやワラスボは食したことがあったので、今回の目当てはイソギンチャク。有明海周辺で食べられるイソギンチャクは、イシワケイソギンチャクという種類で、地元では「ワケノシンノス」と呼ばれている。「ワケ」は「若い人」で、「シンノス」は「尻の穴」を指す。つまり、イソギンチャクの姿が「若い人の尻の穴に似ている」という意味。

文壇屈指の料理人としても知られていた作家の檀一雄は、『美味放浪記』で故郷である柳川の味を振り返っている。

イソギンチャクの味噌煮や味噌汁など、よその人は気味悪がって振り向きもしないけれども、そのヌラヌラした歯ざわり……、シコシコとした噛み心地……、むせ返るような濃厚さ……、私は躊躇なく、ワケ〔イソギンチャク〕の味噌汁を日本第一等の珍味に数え上げたいところ（以下略）。（『美味放浪記』）

このように、檀はイソギンチャクの美味しさを表現していた。「見た目も恰好も、余り上等とは云いにくいが」と、いい添えつつ……。

車で探し回るものの、有明海のカニや牡蠣の店が多くてリサーチ不足を悔やんだ。旅を終えてから調べてみると、佐賀市や福岡県の柳川市では郷土料理としてイソギンチャクを食べさせてくれる店があるとのこと。ずっとそのことが気になっていたので、別件で福岡を訪れた際に、やっと「イソギンチャクの唐揚げ」にありつくことが

イソギンチャクの唐揚げ

できた。

　見た目とサイズは――、シューマイを唐揚げにしたような感じだ。

　いったい、どんな味なのだろう。

　ひと口で放り込む。

　かりっとして香ばしく、美味しい。中はグニャとやわらかくて、嚙むとうま味がある。臭みは全然ない。レモンを搾って食すと、牡蠣フライを食べているような気がしてくる。ビールに合うので、パクパクと口に放り込んでいると、ひとつだけ、嚙むとジャリッと砂が少し残っていた。

「あっ、油断した」と思いつつ、ビールで流し込む。

　地元ではイソギンチャクを煮るか茹でるかして、食べることが多いという。

それにしても、イソギンチャクを食していると、「ワケノシンノス（若い人の尻の穴）」というひどいいわれようが、どうしても頭に浮かんでくる。

そのこともあって、とある書籍を連想してしまった。

それは、『太陽肛門』（ジョルジュ・バタイユ）だ。

やや唐突ながら、話を進めたい。

『太陽肛門』は、フランスの思想家・作家であるバタイユ（一八九七〜一九六二）が記した、断章形式の論考（一九三一年刊行）。若かりしころ、タイトル名に衝撃を受けて本を買ったものの、内容はサッパリわからなかった。それでも奇妙なタイトルに愛着があって手放せず、ずっと書棚にある。今回の旅を終えてから読み返してみたが、やっぱりよくわからない。

本作品は、以下の一文で締めくくられている。

「太陽の環」はその十八歳の肉体の穢れない肛門であり、そして「肛門」は「暗闇」であるにもかかわらず、これに較べうるほど眩しいものは太陽をのぞいて他にはありえない。

（『太陽肛門』生田耕作訳）

む、むずかしい。

それでも、肛門をポジティブに捉えていることはわかる。

門外漢ながら、少し読み解いてみたい。

バタイユは、人間の活動の源泉を太陽に見出している。人の住む地球は、太陽の光と熱があってこその存在であると。つまり、「太陽→地球→人間」と（過剰な）力が働いている（「過剰さとその行方」『AZUR』参照）。力の源泉である太陽は、過剰なものが放射・あふれ出るという意味において、人間の肛門とイメージが重なり合うもの――ということのようだ。

なかなか超越的でわかりにくいが、人間の肛門も蓄えられたものが過剰に噴出するという意味において、きっと太陽的なのだろう。

また太陽は人間の肛門のみならず、地球の活火山ともイメージが重なり合うものとして、論が展開されている。


地球はその肛門の役割を果たす活火山で覆われている。

この球体はなにひとつ食らわないが、時おり、その臓腑の中身を外へ投げ出す。

（同前）

つまり、火山は「地球の肛門」という捉え方だ。

それにしても、不思議だ。なぜ、バタイユは「太陽」「火山」「肛門」を相関したイメージで捉えようとしていたのだろう。


〔その頃の〕バタイユは、理性によって自己を統率することよりも、自身の内の非理性的な情念を解き放つことに重きを置くようになる。〔キリスト教の〕棄教とともに彼の価値観の振り子は、理性から非理性へと反対の極に振れてしまったのである。（中略）この〔非理性という〕豊饒で無軌道な情念を正の価値としてどう肯定しようかと積極的に模索している。（『バタイユ――そのパトスとタナトス』）

こういった（『太陽肛門』が記された当時の）バタイユの姿勢を踏まえると、『太陽肛門』においては、太陽や火山、肛門に「人間の理性を揺さぶる力」を見出していたということになるだろう。つまり、『太陽肛門』における太陽や火山、肛門とは、統率し得ない力が働くもの、情念（理性と対置し得るもの）の象徴であると解してよいのだろう。

その論陣には「（近代社会の）システムの中で行儀よく振る舞うな」「解放された生を生き抜け」というメッセージが込められていたのかもしれない。理性で自己を統率するな、と。

そんな『太陽肛門』における「ポジティブな肛門」というイメージに立脚して、考えてみよう。

イソギンチャク（ワケノシンノス）を食らうということは「（若い人の）尻の穴」を食するということであるから、それは肛門や火山、いや太陽を食らうということになるのかもしれない。太陽を食らうということは、自らの中に過剰な力を溜め込み、放射するということにつながるのか。イソギンチャクという太陽を食らうことによって、自らの安っぽい理性が大いに揺さぶられ、非理性的な情念が解き放たれるのか——。

いやはや、迷宮に入り込んでしまう。

イソギンチャクをめぐって、あれこれ考えすぎた。

イソギンチャクの唐揚げは美味しい。そう、この美味なるものを情念的に、ただただ食するということが、振り返ってみるとやはり大事なことだった。

# ㉘千綿駅――長崎県・大村線

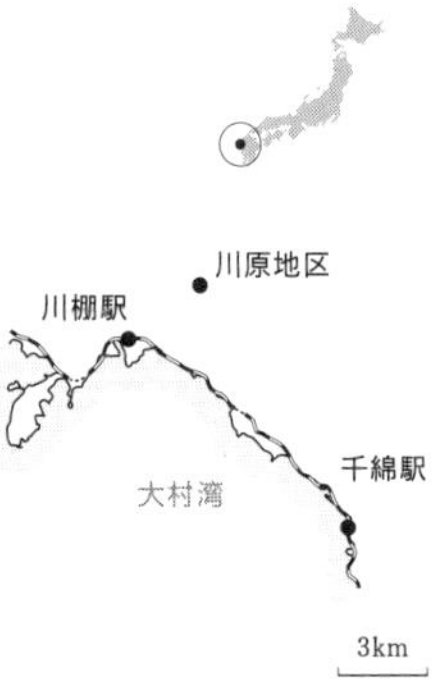


## 絶景の大村湾

大村湾はまるで、湖のようだ。

静かな湖面のように海面はぺたっとしていて、ほとんど波立たない。大村湾は海でありながら袋状の湾（内海）で、外海との接点（湾口部）は極端に狭い。超閉鎖性内湾と呼ばれている。

大村線の小串郷《おぐしごう》～松原《まつばら》駅は、穏やかな大村湾に沿っている。

列車に揺られると、海というより湖畔を走っているような気分になる。その中でも、千綿《ちわた》駅はまさに大村湾のそばにある。単線のレールとホームは、海岸に沿って弧を描くようにゆるやかにカーブしている。ホームから観察してみると、列車はカーブで首

千綿駅

をかしげるように車体を傾けながら、ゆっくりと駅に滑り込んでくる。

ホームに佇むと、目の前を遮るものは何もない。「視界一八〇度」の大村湾が出迎えてくれる。小さな漁船がゆっくりと通り過ぎると、穏やかな海面に一本のラインが延びる。航跡波は、まるで飛行機雲のようだ。

ホームから「ひな壇」のような五段の階段を下りると、木造駅舎がある。駅舎から振り返って大村湾を眺めると、やはりホームは「舞台」のように少し高くなっている。

「このステージに立って、海を眺めてください」と誘い込むかのような形状をしている。

駅舎は昔の面影のまま、美しく改築さ

れている。木製ベンチが屋内外にたくさんあるのは、うれしい限り。思い思いの場所に腰かけて、海を眺めたい。

## 石木ダム問題の里山へ

翌日は、レンタカーを借りて大村湾沿いを北へと走る。

通行量の多い国道三四号線のすぐ脇に、千綿駅が佇んでいる。この日はさらに北上し、国道二〇五号線へと入る。千綿駅から二つ目の川棚《かわたな》駅前で国道を右折し、山間の県道へと入っていく。そして、川棚川の支流である石木《いしき》川流域へと進む。

目指すは、川棚町川原《こうばる》地区。川原地区では、長らく石木ダム建設をめぐって反対運動が繰り広げられている。いちど現地を訪ねてみたいと、ずっと思っていた。

千綿駅を過ぎて一五キロほど走ったところに、川原地区はあった。

車を停めて、山間の川原地区を歩いてみる。

もし石木ダムが完成すれば、この地区の大半はダムの底に沈んでしまう。ダム計画によって、すでに約八割の住民はこの地を去った。それでも、今も地権者一三世帯約六〇名が暮らしており、ダム反対の看板が随所に掲げられている。

それにしても、緑がいっぱいに広がる美しい田園風景だ。訪れた日は、二〇一六年四月の週末。菜の花にモンシロチョウが舞い、ウグイスの鳴き声が遠くから響いてく

川原地区を流れる石木川とダム反対の看板

る。夏になると無数のホタルが舞うという。石木川は、そんな里山の中をさらさらと流れている。

現地を訪れて思う。

今さらダムをつくっても、失うものが大きすぎるのではないか、と。

石木ダム建設とはいったい何なのか、ここで少し概観してみたい。

石木ダム建設事業計画が持ち上がったのは、一九六二年のこと。もう五五年が経とうとしている。地元の反対のため今なおダムは建設されていないが、建設中止にもなっていない。長崎県が事業を推し進めており、治水（洪水調節）と利水（主に水道用水の確保）を建設の目的としている（佐世保市も利水面で長崎県と共同の事業者となっている)。それらを根拠として事業者は農地を強制的に収用したり、ダム用道路の建設工事をするなどして、強引に計画を実行しようとしている。

そう、五五年も前の計画を。

それにしても、今や人口が減って水の需要が下がっているのに、「水道用水の確保」はないだろう。さらには、石木川は小さな川(川棚川の支流)で水量は決して多くはない。治水面での洪水調節は、説得力が薄い。「後付けの理由」にしか映らない。

公共性というのは、時代とともに変わる。ダムが日本の人口増加と経済成長に多くの役割を果たしてきたことは事実。一方、今や人口減少社会を迎えることも、多くのダムによって失われたものが明らかになってきていることも事実だ。

石木ダムの建設をめぐっては、何かと行政側の不備が多い。地元の意向を無視した強引な手法、行政側の根拠の薄いデータ作成、追認しているだけの国側の責務といった、指摘できる点はたくさんある(『小さなダムの大きな闘い』参照)。

しかし、ここでは象徴的な一点を見てみたい。

石木ダム建設の動きを時系列で追っていくと、ある時点で事態がやや強引に動かされていることに気づく。それは、二〇〇九年一一月九日。長崎県と佐世保市が、一部の反対者によってダム建設が進まないと、国土交通省九州地方整備局に事業認定の申請を行った。事業認定とはダム建設の公共性を認めるもので、土地の強制収用に道を開くことになる。この申請を受けて二〇一三年九月六日、国土交通省九州地方整備局が事業認定を許可した。

この事業認定の申請と許可が、やや唐突であるという違和感を覚える。事業認定の申請を行った二〇〇九年といえば、民主党を中心とする連立政権が誕生した年（九月）だ。民主党政権下における「コンクリートから人へ」の政策で、長崎県の行政側としては事業が頓挫してしまうという焦りがあったことは、想像に難くない。しかも、事業認定の申請をした日（二〇〇九年一一月九日）というのは、当時の長崎県・金子知事が、翌年二月の長崎県知事選挙に出馬しないという意向を表明した直後だ。

つまり民主党政権による政策転換への焦り、次期知事がどのような政策方針なのかがわからないという不安が、行政側にあったのだろう。当時の知事の任期も残りわずかな今しかチャンスはないと、行動に移したということだろう。行政側の論理としては、職務に忠実であることは咎められることではない。しかし、こんな不意を打たねばならないほど「無理がある事業計画」だったのではないか。

## 明るいレジスタンス

問われていることは、失ったもの、失われるものに対する想像力だ。

作家・石牟礼道子は、ダムに沈んでしまった村（熊本県水上《みずかみ》村市房《いちふさ》ダム）を訪れ、ありし日の村への想像を膨らませて、文章を綴っている。ダムが日照りで干上がった日に、実際のダムの底へと下り立って——。

水の引いてしまったダムの底を何と形容すればよかろうか。閉じ込められた村の瘴気が、泡立ちながらのぼってくる、というように見えた。ダムが出来てから三十数年経っているとのこと、ということは、村が沈められて三十有余年ということである。（中略）赤んぼの墓碑がいくつかあった。愛らしく作られていた。印象ぶかいのは、墓石の額に、蓮の花が一輪、刻みこんであることだった。だから墓碑たちは、蓮の印を一輪、額につけてもらって、湖底に眠っていたことになる。（中略）わたしと死者たちとの対話が、ぽつり、ぽつりと始まった。そうか、招き寄せられて来たのかとわたしは思った。（「石の中の蓮」『ここすぎて　水の径』）

川原地区の県道一〇六号線沿いに、トタンの「ダム小屋」が建っている。「強制収用は許さない」等々、石木ダム反対のスローガンが掲げられていて、ここが行政側の行動に対する監視小屋になっている。

「こんにちは」と、ちょっと緊張しつつ入ってみる。奥の部屋では、おばあさんが二人。コタツに入りながら、ゴロンと畳に横になっている。

千綿駅

「あの、(私は）石木川の写真を撮りに旅をしてまして……」と要領を得ない挨拶をすると、「はいはい、ごくろうさんです」と、自然体で明るい返事。気さくすぎて、緊張が解ける。「まあまあ、きょうは週末だから、こんな（ラフな）感じですよ」と、テレビを見ながら話してくれる。

戦士の休息――。なんだろう、この大らかな感じは。優しさや明るさは、真の強さが宿っているからこそだろう。それは、きっとこの大地が育んでくれたものに違いない。

ここ川棚町川原地区は、先の千綿駅から直線距離にして約一〇キロしか離れていない。駅のちょっと先には、ダム建設という根深い問題が今も横たわっている。

失われるものに対する想像を膨らませたい。現地で感じた、優しさ、明るさ、強さ。そんな、しなやかな抵抗であるからこそ、光は消え失せない。

# ㉙大三東駅

## ――長崎県・島原鉄道

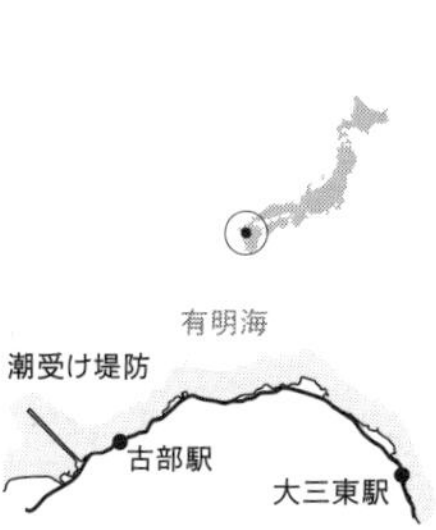


**日本でいちばん海に近い駅**

近い、とても近い。大三東《おおみさき》駅の特長は、海の近さ。「日本でいちばん海に近い駅」といってもいいかもしれない。海との距離だけではなく、線路とホームが海水面に近い高さにある。

まるで、海と溶け合っているような駅だ。

一両のディーゼルカーから、ホームに降り立つ。

何も音がしない。波のない、ぺたりとした有明海がホームのすぐ先に広がっている。ホームは護岸コンクリートと一体化しており、ホームから護岸を伝っていけば、すぐに浜辺に下りられる。ホームと海の間に壁や柵が設けられていないのは、開放感があ

大三東駅

ってうれしい限り。

駅の先に広がる海は、広大な干潟になっている。浜に下り立つと、磯の薫りがむっと包み込む。沖合には養殖海苔用の竹竿が、たくさん海に突き刺さっている。対岸には熊本県の山の稜線がうっすらと見える。

訪れたのは、四月上旬の昼下がり。うららかな陽射しと波のない浜辺は、まどろみを誘う。ホームに戻り、ベンチで少し眠る。

そして、翌日の夕刻にまた駅を訪れた。すると、どうだろう。前日の昼間と違って、潮が引いている。それも、大きく引いている。かなり沖合まで干潟が顔を覗かせている――。

有明海は干満差が日本一大きい海。大

潮の際は、干満差が六メートルほどにもなる。

陽が傾き、やがて海に沈んでいく。誰もいない海。誰もいない駅。

やがてホームのベンチに灯りがともる。しばらくすると駅の灯りだけを残して、すっぽりと闇に包まれる。

## もうひとつの無人駅——古部駅

大三東駅から諫早方面へ向かうと、古部《こべ》駅がある。

この駅も海に近いので、日をあらためて降り立ってみた。大三東駅と同じく、ホームの前には干潟が広がっている。大三東駅は有明海に面していたが、古部駅は有明海から南西に入り込んだ諫早湾に面している。

駅から浜辺へと下り立つには、大三東駅よりも少しだけ歩く。駅前の道を西へ歩いて、線路を横切って浜辺に出る。といっても、駅から三〇〇メートルほどの距離と近い。ちょうど潮干狩りの季節だったので、干潟では多くの人がアサリを探していた。

古部駅のホームからは、諫早湾に延びる潮受け堤防と水門が見える。

その是非については耳にすることも多い、諫早湾干拓事業の堤防だ。

ご存知のように、その事業は有明海の内湾である諫早湾の湾奥を外部堤防（潮受け堤防）で閉め切るもの。そして、川（本明川《ほんみよう》）から流れてくる水を、閉め切った人工

古部駅（遠景に堤防の水門）

池（調整池）に溜めて淡水化するというもの。さらに、その淡水化された池に内部堤防を築いて、干拓地をつくるという事業だ。

一九八九年に着工され、一九九七年に潮受け堤防が閉じられた。閉じられた内側は淡水化されて干拓事業がはじまったが、閉じられた外側では漁業被害が報告されるようになった（高級貝のタイラギやエビ類、海苔、アサリなど）。

こうした深刻な環境変化は「有明海異変」とも呼ばれる。そのため、堤防で諫早湾を閉め切ったことと漁業被害の因果関係が争われ、水門を開ける開けないの「ねじれた司法判決」にも至った。大枠としては、有明海を囲む佐賀県・福岡県・熊本県は漁業被害を軽減するため、潮受け堤防の開門を求めているのに対し、事業主であった長崎県は開門を拒否している。

諫早湾干拓事業は、事業の手続き的不公正、環境影響評価内容の問題点とその改ざん、生態系におよぼした悪影響の大きさが、絶えず指摘されてきた（「干潟再生に対するリスク・ベネフィット言説」『湿地研究』参照）。諫早湾干拓事業は、延々とお金（税金）を浪費しつづける費用対効果の悪い「失敗事業」となってしまった。

限定的に見ると潮受け堤防が道路としても用いられているので、交通の利便性が良くなったことはあるだろう。しかし、公共性の名のもとに一部の犠牲が強いられているのではなく、大きな犠牲（長引く裁判や漁業被害、漁業補償・水質対策費といった税金の投入など）が今も強いられていることを考えると、農水省と長崎県が事業を強引に推し進めた緩怠《かんたい》は否めない。

## 干潟という存在

そもそも、堤防によって諫早湾が閉め切られるということは、広大な干潟を損失するということを意味している。諫早湾の干潟は堤防によって干上がり、そこに棲んでいた生物（ムツゴロウや牡蠣、ハイガイなど）は壊滅的な被害を受けた。干潟というのは海を浄化するフィルターであることを考えると、堤防の建設と（有明海の）漁業被害に因果関係はないと考える方が不自然だ。そう、干潟は陸から流入する栄養分を吸収し、多様な生物を生む。それが水産資源を育んで漁業を支えていた（『海をよみがえらせる』参照）。

実際に一九九〇年代の後半以降は、有明海の奥部（佐賀県・福岡県・熊本県北部）では大規模な赤潮が発生し、海底の貧酸素化や潮流変化も報告されている。

さらには堤防の内側（淡水化した調整池）でも、アオコが発生するなど水質悪化が問題になっている。一九八六年に出された事業者側による環境アセスメントには「有明海の自然環境に著しい影響を及ぼすものではなく、また、その影響は計画地の近傍に限られることから、本事業が諫早湾及びその周辺海域に及ぼす影響は許容しうるものであると考えられる」とある（『諫早湾調整池の真実』参照）。

こうした杜撰《ずさん》な見切り発車は、結局は有明海全体の漁業問題として尾を引き、泥沼化を招いてしまった。

一九九七年に諫早湾の堤防が閉じられる映像――。

「ギロチン」とも呼ばれた、宙づりにされた鉄板が次々と海に落とされていった映像を見て、誰もが不穏なものを感じたことだろう。あのイヤな感覚は、やっぱり外れていなかった。

国や行政の論理を考えると、限定的な意味では「正しい判断」をしているのだろう。事業の推進には、堤防建設や漁業権の買い取りといった膨大な予算（税金）と時間を費やしている。これまでのプロセスを正当化するためには、もう引き返せないと。既成事実を積み重ねていった方が、自らのプレゼンスの正当性としては有利であると。

大切なことは、過去に学んで「お金と時間」を延々と浪費しつづけないことだろう。農業用水の水源確保といった干拓地側の農家に配慮しつつ、水門を開ける選択をして、再生への一歩を踏み出せばいいのではないか。行政の仕事は、(これまでの)正当性を頑なに主張することでもなければ、正当な理由を執拗《しつよう》につくることでもない。大局を見据えつつ実情に即した「しなやかさ」を持つことが、本当の仕事だ。

いけない、つい肩に力が入ってしまう。

少し窓を開けて、風を入れよう。

人も組織も列車のように、前に進みつづけるしかない。

島原鉄道は、ガタゴト、ゆっくり、前へと走る。

# 30 小内海駅
## ——宮崎県・日南線

### 光あふれる無人駅へ

日南の海は光に満ちていて、自然と気持ちが明るくなる。

日南線は、日南海岸と鰐塚《わにつか》山地を縫って走るものの、海の見える駅は意外と少ない。小内海《こうちうみ》駅は小高いホームから国道二二〇号線を挟んで日南海岸が見下ろせるという、貴重な駅だ。

小内海駅は、ホームに上屋のあるベンチが置かれているだけのシンプルな構造。ホームから単線のレールを眺めると、レール内にも雑草が茂っている。あともう少し生い茂れば、「廃線」のように映るかもしれない。南国の雑草はかくもぐんぐん伸びるものなのか……。

小内海駅

駅のベンチがある壁には、思い出用の「駅ノート」が吊るされていた。

ぱらぱら眺めてみると、「上下線を乗り間違えてしまい、ここで一時間待っています」「デートしてたのしかった」といった記述があって、ほのぼのしている。

ホーム脇には宮崎県らしく、高いヤシの木が聳えている。その袂にある急な階段を下ると、国道二二〇号線に出る。国道を横切れば、もう日南の海。消波ブロックや護岸の関係で、浜辺にはすぐに下り立てないが、道路沿いから海を眺めているだけでも気分が爽快になる。

北東へ一キロほど歩けば、陸つづきの巾着島《きんちゃくじま》に辿りつく。島周辺の海岸には、奇形波蝕痕が広がっている。これは「洗濯板」「鉄ヤスリ」のようなスジが幾層にも刻み込まれた、平らな岩場のこと。数百万年前に深い海で堆積した地層が隆起し、波の浸食によって岩が削られていく。それがさらに隆起したために、今のような形状になったという。

光にあふれた青い海――。

日南海岸をもっと堪能してみたい。

小内海駅から下り列車に乗って七つ目。大堂津《おおどうつ》駅も海が近い。木々や家屋に隠れてしまうためホームからは海を望めないが、駅のすぐ脇には海が広がっている。白い砂浜は、およそ一・五キロにもおよぶ。すっかり気に入ってしまい、大堂津駅前の民宿（はまゆう荘）で三泊することにした。海が目の前の宿を拠点にして、日南海岸の旅をつづけたい。

## 日南海岸、南へ

日南線は海岸を逸れて山地を走る区間も多いので、鉄道だけでは海岸線をなかなかカバーしきれない。大堂津駅以南は、レンタカーを借りて海岸を走る。石波《いしなみ》海岸、さらに南下すると恋ヶ浦海岸と、次々と極上の砂浜に出会える。いい波が立つ場所では、日南海岸らしくサーファーが波待ちをしている。

石波海岸の沖には、幸島《こうじま》という野生の猿（ニホンザル、約一〇〇頭）が暮らす島が

幸島

ある。かつて海水でイモを洗う猿がいることで有名になった小さな無人島だ。最近では海の魚を食べる猿がいることでも脚光を浴びている。石波海岸から幸島までは、たった二〇〇メートルしか離れておらず、観光用の渡し船ですぐに上陸できる。

　しかし、あいにくの海況で「今日も明日も船は出ない」とのこと。

　石波海岸と幸島の間は、陸繋砂《りくけいさ》州《す》（トンボロ）のように砂が溜まっており、一見もう少しでくっつきそうに映る。幸島があるために沿岸流が弱まって、陸と島の間には砂が堆積しやすくなる。渡し船の船長に訊くと、「二〇年くらい前までは歩いて渡れたんだけど、今は（くっついていないので）ムリ」とのこと。

念のため翌日も石波海岸に行ってみたが、やはり幸島への船は出ない。

思い切って、試してみることにした。

もしかすると、幸島まで（無理をすれば）歩いて渡れるのではないか、と。

ちょうど大潮に近い日だったので、干潮時はかなり潮が引いてくれるはず。

水着とTシャツ姿になって、ひとりで海へ入る。幸島へと延びている浅い砂地を歩く。五月の海。水はまだ少し冷たい。砂地の両端から、ぶつかるように波が押し寄せてくる。やはり砂州のように砂が溜まっていて、石波海岸と幸島の間はかなり沖まで浅瀬になっている。

目視で海の色を（深くなっていないか）チェックし、足先で砂地を確認しながら、少しずつ進む。砂浜は急に深くなっていたり、潮の流れもあったりするので、注意を要する。ちょうど干潮を迎える時刻なので、腰まで水に浸かる程度で幸島にどんどん近づくことができる。

とはいえ、やがて深くなってきた。ビニール袋できつく縛ったカメラを肩まで持ち上げて、いよいよ首元の深さになるところまで来た。

あと一五メートルほどで幸島——。

でも、この先は急に深くなっている。

足先で砂が溜まっている箇所を探すが、どこも深い。潮の流れもある。

カメラのこともあり、泣く泣く海岸へと引き返す。

でも折角なので、このまま石波海岸を腰まで浸かりながら散策してみる。なんという水の透明度。砂も真っ白でサラサラ。オンショア（海から陸に吹く風）のせいか海にはサーファーの姿もなく、広大な砂浜には誰もいない。

惜しくも幸島には渡れなかったものの、日南海岸の美しさが身に沁みてくる。

## 日南、七〇年の歳月

そんな美しい日南海岸を満喫しつつも、時おり気づかされることがある。

それは、所々で目にする戦争の爪痕だ。

「人間魚雷回天訓練之地」と刻まれた石碑が、海岸道路（国道四四八号線）沿いに建っていた。南郷《なんごう》駅から約二キロ離れた外浦港には、雑草に覆われた「回天格納庫跡」もあった。

ご存知のように、「回天」は太平洋戦争でつくられた特攻兵器（「人間魚雷」）。米軍の本土上陸が現実味を帯びるようになってからは、四国や九州など日本各地の沿岸に「回天」が配置された。太平洋戦争末期、米軍は南九州の海岸から上陸するという「オリンピック作戦」を立てていた。そのため日南海岸では「回天」と特攻艇「震洋」（小型のベニヤ板製モーターボート）が配備されていた。

ここから出撃していった特攻隊員の心境、出撃を待つ隊員の心境は、いかばかりだったことだろう。誰もがこの青い海を前にして、遠い故郷を思ったことだろう。

臨時魚雷艇訓練所（長崎県川棚町）で予備学生として過ごしていた作家・島尾敏雄は、特攻を志願した日のことをこう記している。

長い一日の不意の休暇はそのようにして与えられた。終日よく考えて、その夜就寝前に志願するか否かの決意を紙に書きしるして出すようにと言われた。しかし実のところ考えるといっても何をどう考えていいかわからなかったと言えよう。（中略）特攻隊などはるかな他人事であったのに、まさかまともに自分の頭上にふりかかってくるなど思ってもみないことであった。急に入江の海や周囲の山の姿、そして雑草や迷彩を施した学生舎の粗造りの木造の建物にまでへんないとしさを覚えた。（中略）長い一日が暮れ、なお心は揺れていた。夕食の食卓でも特攻の件を話題にする者は居なかった。就寝前に伍長が紙を集めて廻った。私は「志願致シマス」と書いて出した。

（『魚雷艇学生』）

そうして、島尾は特攻艇「震洋」の特攻隊指揮官として、奄美の加計呂麻島《かけろまじま》に赴い

回天格納庫跡（日南市南郷町）

た。一九四五年八月一三日に出撃命令を受けたが、敵艦隊が姿を見せなかったため「震洋」の発進命令は下らず、待機状態のまま敗戦を迎えた。

　このように、特攻隊員は誰しもわだかまりを抱きつつも、引き返せない思いを抱えていたに違いない。日南海岸に建つ「人間魚雷回天訓練之地」の碑には、次のような歌が刻まれている。

　南海にたとえこの身ははつるとも
　幾年のちの春をおもえば
　　　　　　　　　　　特攻隊員詠

目の前にある日南の美しい海と、死地に赴く運命。

海は心情の起伏を波のように揺すぶっ

たに違いない。

戦争から七〇年以上の歳月が流れた。

目の前に広がっている美しい海は、当たり前のようでいて、当たり前の光景ではないことを考えさせられる。美しい景色は、時代や置かれた立場によっては、悲しみの景色にもなる。

これまで、海と駅をめぐる長い旅をしてきた。

今、私たちにできることは、なんだろう。

目の前に広がる美しい海の青さを、当たり前の光景ではないものとして、胸いっぱいに吸い込むこと——なのだろう。

# おわりに

海と駅をめぐる旅は、愉しい。
駅から海を眺めているだけでも、飽きることがない。
そこには島旅と同じく、ゆるやかに流れる時間と青い海がある。

本書で綴った海と駅の旅から、心地よさの他に見えてくることは、なんだろう。
駅から目を凝らした「先」にあるものは、なんだろう。
それは、これまでに気づかなかったものが見えてくる、ということではないか。
美しい景色に目を奪われつつも、失われつつあるものの存在が少しずつ見えてくる。
時代の変化によって、海辺の光景、海を取り巻く環境は、今や静かに変わりつつある。
とりわけ自然環境の問題が顕在化している。

よくよく考えてみると、ズルい話だと思う。

誰もが大人になるまでに、「大切な風景」に出会っている。

永遠につづくように思えた、夏の海の鮮やかさ。海や川で迎え入れてくれた、美しい生きものたち。それらを取り巻く人の暮らし。そんな多様性が、どれほど幼きころの日常を彩ってくれていたことか。結局、人を育ててくれるものは、そんな遠い日に出会った「豊かさ」だったのではないかと思う。

なのに、大人になると何かと忙しい。

ついつい面倒を避けるために強者に阿《おもね》ってしまったり、損得や保身といった目の前のことで頭がいっぱいになってしまう。あるいは自分や家族のことだけでも精一杯といったように、小さいころに大切にしていたもの、自分を育ててくれたものを顧みず、目先のことばかりを考えてしまう。生産性とか効率性といった言葉で正当化しつつ。

そんな大人は、自分を含めて、やっぱりズルい。

そういう意味で、今回の旅は自らを顧みる機会にもなった。正直いうと、最初はただ気分転換のために海辺の光景を求めていた。単純にリラックスできて愉しい海を見に行こう、と。美しい写真を撮ろう、と。

しかし旅に出ると「その先の景色」が見たくなり、旅を重ねるようになる。だんだん日ごろの小さな俗事が、どうでもよくなってくる。そうして日ごろ気づかなかったことが少しずつ見えてくる。美しい風景の裏側にある、失われつつあるものの存在に。ふと、遠い日の自分を思い出す。

高校生だったころ、実家でインコを飼っていた。小学生のころには可愛がっていたが、中学生になるとだんだん興味が薄れ、高校生になるとすっかり関心を失ってしまった。インコの寿命は約七年といわれるので、私が高校生になったころには、日に日にインコが老化していくように思えて、ますます目を背けてしまった。

ある日、帰宅すると、母がボソッと「(インコが) 亡くなってしまった。そっと庭に埋めてあげた」といった。しかし、そのときは何も感じなかった。確か「あ、そう」としか、口にしなかった。当時は自分のことにしか関心がなく、何も感じなくなっていた。愉しくて派手なことには反応しても、小さきものや地味なことには、いっさい関心を払わなかった。ましてや死の不可逆性に思いを馳せることなど、到底できなかった。

でも少し時間が経ってから、悔恨の念とともにじわりと悲しくなった。祖父や祖母との別れも、結局はそんな調子だった。

少しパーソナルな話に脱線してしまったが、そんな遠い日の出来事を思い出してしまったのは、やはり「失われた後では遅すぎる」ということを今では考えてしまうからだろう。そう、旅の風景から見えてくる「失われつつあるもの」には敏感でありたいと、強く思う。

失ってから気づくのではなく、今、まなざしを向けたい。

大切なものを見失わないよう、失わないよう。

本書では、「はじめに」で記した定義にもとづいて三〇の無人駅を厳選し、二〇一五年から二〇一六年の間に旅を重ねた。

全国津々浦々の駅を旅して感じるのは、海岸線を走る路線は数あれど、ホームから海が見わたせる駅は意外と少ないということ。それゆえに、その存在は貴重なものに思えてくる。

紙幅や定義の都合上、惜しくも盛り込めなかった無人駅もある。たとえば、桜と海が美しい能登鹿島駅（のと鉄道）や、鹿児島（錦江）湾と桜島が見える竜ケ水駅（日豊本線）、湘南の鎌倉高校前駅（江ノ島電鉄）などなど。あるいは人工的な海岸ではあるものの、海芝浦駅や新芝浦駅（鶴見線）も海はきわめて近く、独特の風情がある。

ただ、どの駅が「良い悪い」といった優劣はないし、各々興味の赴くままに旅をすることが醍醐味だろう。

ただ一点だけ拘《こだわ》りたいのは、やはり駅は鉄道を使って訪れたい、ということ。今回の旅は、すべて鉄道を使って、ひとりで無人駅を訪ねた。季節や時間帯を変えて、二度三度訪れた駅も多い。そのうえで、徒歩でカバーしきれない駅周辺の旅は、レンタカーやバス、タクシーを用いた。やはり鉄道と車では、感じられる「景色」が異なってくる。駅と鉄路は「点と線」でつながっているからこそ、急ぎ足の「点」だけでは、趣を存分に捉えられないのだろう。

その一方、かつてに比べると鉄道旅の「情緒」が薄まってきていることも、また事実。すべてを否定できないにせよ、合理化の名のもとに鉄道の多様性は失われつつある。効率化・スピード化の陰で、北海道をはじめとする各地で廃線や廃駅が相次いでいるし、旅を彩ってくれた夜行列車はほぼ全滅。JRにおいては、もはや急行列車さえも走っていないという、寒々しさだ。

でも嘆いたり、ノスタルジアに浸ってばかりもいられない。

旅は自分でつくっていくしかない。

忙しい毎日。海を感じられなくなると、息苦しくなる。いつしか身体は海を求める。列車に乗って、海を見に行こう。駅から海を眺めよう。

そこから、「次の景色」が見えてくる。

# 文庫版あとがき

人はいくつになっても海への憧憬は消え去らないのではないか。ただただ海を眺め、海で戯れたい。とりわけ鉄道を用いて訪ねる海は格別だ。無人駅に降り立つと、静寂に包まれる。海岸に歩を進めると、波音に導かれて感覚が目覚める。胸を締めつけるような寂しさ、懐かしさ。なぜか寂寥感が心地いい。そうして眼前の風景から想像が膨らみ、思索がはじまる。その先へと旅したり、自己を見つめ直したり、と。

単行本『海駅図鑑』が刊行されて以降、二〇二〇年三月に池の浦シーサイド駅が廃止されるなど変化が生じたが、文庫版においても内容は取材撮影した当時（二〇一五年九月〜二〇一六年八月）のままとした。今でも二九駅が存在していることは意義深い。その反面、北海道新幹線の延伸や路線の存廃議論など、駅の存続に関する気になる動向は多い。それは旅を先延ばしにしない重要性を暗示しているのかもしれない。

文庫化にあたっては、多くの示唆をいただいた河出書房新社編集部の稲村光信さん、素敵な装幀に仕上げてくださったデザイナーの大倉真一郎さんに、感謝をささげたい。

二〇二三年六月

清水浩史

# 参考文献

## 北浜駅

◉網走市ホームページ「網走の流氷と漁業」
◉天野哲也（2008）『古代の海洋民オホーツク人の世界――アイヌ文化をさかのぼる』雄山閣
◉菊地慶一（2001）『オホーツク氷岬《ひょうきょう》紀行――流氷の海と58の灯台』共同文化社
（2004）『流氷――白いオホーツクからの伝言』響文社
◉菊池俊彦（2009）『オホーツクの古代史』平凡社
◉気象庁ホームページ「オホーツク海の海氷分布（年概況）」
◉司馬遼太郎（1997）『オホーツク街道　街道をゆく38』朝日新聞社
◉種石悠（2015）「考古学からみたオホーツク文化の毛皮交易」北海道立北方民族博物館編『環境変化と先住民の生業文化――開発と適応』北方文化振興協会
◉米村衛（2004）『北辺の海の民・モヨロ貝塚』新泉社

◉渡辺一史（2011）『北の無人駅から』北海道新聞社

**北舟岡駅**

◉池田貴夫（2013）『なにこれ⁉　北海道学』北海道新聞社
◉伊達市史編さん委員会（1994）『伊達市史』伊達市
◉村元直人（2003）「バッタ塚と応用昆虫学の誕生」『函館短期大学紀要　第29号』函館短期大学

**大岸駅**

◉「駅存続　維持費まちまち」『北海道新聞』（2016年10月2日）
◉鼠入昌史「新幹線開業の陰に『JR北海道』大幅減便の犠牲」『東洋経済オンライン』（2016年4月11日）
◉北海道旅客鉄道株式会社ホームページ「平成26年度　線区別の収支状況について」「平成28年度事業計画」「当社単独では維持することが困難な線区について（平成28年11月18日）」
◉森口誠之「北海道庁は『JR在来線』を守る気があるのか」『東洋経済オンライン』（2016年11月11日）

**石倉駅**

◉イザベラ・バード（高梨健吉訳）（2000）『日本奥地紀行』平凡社

●金坂清則（2014）『イザベラ・バードと日本の旅』平凡社
●三宅俊彦編著（1998）「公認汽車汽船旅行案内　1923（大正12）年7月号」『復刻版明治大正時刻表』新人物往来社
●宮沢賢治（1986）「噴火湾（ノクターン）」『春と修羅』（『宮沢賢治全集1』所収）筑摩書房
●森町編（1980）『森町史』森町

## 驫木駅

●トーベ・ヤンソン、ラルス・ヤンソン（冨原眞弓訳）（2000）『ムーミン・コミックス　第1巻　黄金のしっぽ』筑摩書房
●トーベ・ヤンソン（小野寺百合子訳）（2011）『新装版　ムーミンパパ海へいく』講談社
●トーベ・ヤンソン、ユッカ・パルッキネン編（渡部翠訳）（2014）『ムーミン谷の名言集』講談社
●深浦町編（1977）『深浦町史　上巻』深浦町役場
●ボエル・ウェスティン（畑中麻紀・森下圭子共訳）（2014）『トーベ・ヤンソン――仕事、愛、ムーミン』講談社
●福留高明、佐藤魂夫、山科健一郎（1984）「1983年日本海中部地震後の久六島」『東京大学地震研究所彙報』第59巻、東京大学地震研究所
●村石利夫（2004）『JR・第三セクター　全駅名ルーツ事典』東京堂出版

◉山科健一郎（1984）「久六島の高度について」『東京大学地震研究所彙報』第59巻、東京大学地震研究所

有家駅

◉柳田國男（1992）『浜の月夜』『清光館哀史』（いずれも『柳田國男（ちくま日本文学全集）』所収）筑摩書房

堀内駅

◉竹内基、柿野亘、岡田あゆみ（2016）「カワシンジュガイ類研究の現状と課題」『青森自然誌研究』21号、青森自然誌研究会

浦宿駅

◉小野智美編（2012）『女川一中生の句　あの日から』羽鳥書店

根府川駅

◉茨木のり子（1969）「根府川の海」「海を近くに」『茨木のり子詩集』思潮社
◉内田宗治（2012）『関東大震災と鉄道』新潮社
◉酒井佐忠（2006）「根府川の海の果てに」『現代詩手帖』第49巻第4号、思潮社

**越後寒川駅**

◉村石利夫（2004）『JR・第三セクター　全駅名ルーツ事典』東京堂出版

◉柳田國男監修、民俗学研究所編（1955）『綜合日本民俗語彙』第1巻、平凡社

**青海川駅**

◉稗田一俊、野田知佑、萱野茂、村上善男（1985）『鮭の一生』新潮社

◉「SURFERS' DELIGHT」『BRUTUS』第25巻第13号（2004年7月15日）、マガジンハウス

**越中国分駅**

◉中村庸夫（2010）『中村庸夫　記録的海洋生物№1列伝』誠文堂新光社

◉藤原昌髙（2015）『美味しいマイナー魚介図鑑』マイナビ

◉本間義治（1989）「新人魚考――松森胤保の『両羽博物図譜』海魚部より」『新潟県生物教育研究会誌』第24号、新潟県生物教育研究会

◉松本健一（2009）『海岸線の歴史』ミシマ社

◉吉岡郁夫（1998）『人魚の動物民俗誌』新書館

**池の浦シーサイド駅**

◉リン・シェール（高月園子訳）（2013）『なぜ人間は泳ぐのか？――水泳をめぐる歴史、現在、未来』太田出版

●ロジャー・ディーキン（野田知佑監修、青木玲訳）（2008）『イギリスを泳ぎまくる』亜紀書房

**波田須駅**

●河津聖恵（2009）『新鹿《あたしか》』思潮社
●高澤秀次（1998）『評伝　中上健次』集英社
●中上健次（1983）『地の果て　至上の時』新潮社
（2000）『熊野集・火まつり』小学館
●中上紀（2004）『夢の船旅——父中上健次と熊野』河出書房新社

**湯川駅**

●秋道智彌（2013）『海に生きる——海人の民族学』東京大学出版会
●関口雄祐（2010）『イルカを食べちゃダメですか？——科学者の追い込み漁体験記』光文社
●伴野準一（2015）『イルカ漁は残酷か』平凡社

**和深駅**

●すさみ町誌編さん委員会編（1978）『すさみ町誌　上巻』和歌山県西牟婁郡すさみ町
●中上健次（1978）『紀州——木の国・根の国物語』朝日新聞社

**鎧駅**
◉香住町教育委員会（1980）『香住町誌』香住町

**大山口駅**
◉大山町誌編さん委員会編（1980）『大山町誌』大山町役場
◉「風はあの日を覚えてる　JR山陰線　大山口駅」『朝日新聞デジタル』（2008年7月12日）
◉鳥取県の戦災を記録する会編（1982）『鳥取県の戦災記録』鳥取県の戦災を記録する会

**田儀駅**
◉多伎町誌編集委員会編（1978）『多伎町誌』多伎町

**馬路駅**
◉芦原妃名子（2003〜2006）『砂時計①〜⑩』小学館
◉志波靖麿（1997）『「鳴き砂」の町・仁摩に刻む　世界一大きい砂時計』中国新聞社
◉古東哲明（2011）『瞬間を生きる哲学――〈今ここ〉に佇む技法』筑摩書房
◉三輪茂雄（1994）『消えゆく白砂《はくさ》の唄《ロマン》――鳴き砂幻想』近代文藝社

### 折居駅

◉「高島①～⑦」『山陰中央新報』（2000年5月16～22日）

◉益田市誌編纂委員会編（1975）『益田市誌　上巻』益田市
（1978）『益田市誌　下巻』益田市

◉矢富熊一郎（1960）『石見高島の秘話』益田市史談会

### 木与駅

◉阿武町史編さん委員会編（2000）『阿武町史　下巻』阿武町

### 飯井駅

◉萩市史編纂委員会編（1987）『萩市史　第3巻』萩市

◉平野義明（2000）『ウミウシ学――海の宝石、その謎を探る』東海大学出版会

◉山本義治（2008）「盗葉緑体により光合成する嚢舌目ウミウシ」『光合成研究』第18巻第2号、日本光合成学会

### 田井ノ浜駅

◉岸由二、柳瀬博一（2016）『「奇跡の自然」の守りかた――三浦半島・小網代の谷から』筑摩書房

◉三枝誠行（1988）「アカテガニの幼生放出活動はどのようにして満潮に合うのか?」『海洋

と生物57』第10巻第4号、生物研究社
◉由岐町教育委員会編（2004）『由岐町郷土事典』由岐町教育委員会
◉由岐町史編纂委員会編（1985）『由岐町史・上巻　地域編』由岐町教育委員会

**下灘駅**

◉込山富秀（2015）『「青春18きっぷ」ポスター紀行』講談社

**安和駅**

◉安藤元一（2008）『ニホンカワウソ——絶滅に学ぶ保全生物学』東京大学出版会
◉佐藤大紀、加藤元海（2013）「高知県新荘川においてニホンカワウソの存続に影響を与えた要因」『黒潮圏科学』第6巻2号、高知大学大学院総合人間自然科学研究科黒潮圏総合科学専攻黒潮圏科学編集委員会
◉宮本春樹（2015）『ニホンカワウソの記録——最後の生息地　四国西南より』創風社出版

**小長井駅**

◉酒井健（1996）『バタイユ——そのパトスとタナトス』現代思潮社
（1996）『バタイユ入門』筑摩書房
◉椎名誠（2005）『全日本食えば食える図鑑』新潮社
◉ジョルジュ・バタイユ（生田耕作訳）（1985）『太陽肛門』奢灞都館

◉檀一雄（2004）『美味放浪記』中央公論新社
◉藤原昌高（2015）『美味しいマイナー魚介図鑑』マイナビ
◉ミシェル・シュリヤ（西谷修、中沢信一、川竹英克訳）（1991）『G・バタイユ伝㊤1897〜1936』河出書房新社
◉吉田裕（2008）「過剰さとその行方――経済学・至高性・芸術（1）」『AZUR』第9号、成城大学フランス語フランス文化研究会

## 千綿駅

◉石木ダム建設絶対反対同盟、石木ダム問題ブックレット編集委員会編（2014）『小さなダムの大きな闘い――石木川にダムはいらない！』花伝社
◉石木ダム問題ブックレット制作委員会編（2015）『石木ダムの真実　ホタルの里を押し潰すダムは要らない！』花伝社
◉石牟礼道子（2015）『ここすぎて　水の径』弦書房
◉岩岡中正（2016）『魂の道行き――石牟礼道子から始まる新しい近代』弦書房
◉佐世保市水道局ホームページ「水源確保対策（石木ダム）」
◉長崎県ホームページ「石木ダム建設事務所」
◉長崎新聞ホームページ「石木ダム計画を問う（1）〜（6）」
◉まさのあつこ「『渇水』と『浸水被害』という嘘」『週刊金曜日』第1056号（2015年9月18日）

### 大三東駅


◉諫早市ホームページ「国営諫早湾干拓事業」
◉國島正彦、三浦倫秀「国営諫早湾干拓事業による漁業被害」『失敗知識データベース――失敗百選』(http://www.sozogaku.com/fkd)
◉佐藤正典(2014)『海をよみがえらせる――諫早湾の再生から考える』岩波書店
◉高橋徹編(2010)『諫早湾調整池の真実』かもがわ出版
◉農林水産省九州農政局ホームページ「諫早湾干拓事業」
◉長崎県ホームページ「諫早湾干拓事業」
◉山下弘文(2001)『諫早に死す』南方新社
◉山下博美(2016)「干潟再生に対するリスク・ベネフィット言説――有明海諫早湾干拓潮受け堤防排水門『開門』をケースに」『湿地研究』第6巻第1号、日本湿地学会誌編集委員会


### 小内海駅


◉島尾敏雄(1988)『その夏の今は・夢の中での日常』講談社
(1989)『魚雷艇学生』新潮社
◉日南市産業活性化協議会編(1993)『油津――海と光と風と』鉱脈社
◉日南市史編さん委員会編(1978)『日南市史』日南市役所

本書は2017年2月、小社より単行本として刊行された『海駅図鑑〜海の見える無人駅』を改題、加筆修正のうえ文庫化したものです。

海《うみ》の見《み》える無人駅《むじんえき》
絶景《ぜっけい》の先《さき》にある物語《ものがたり》

二〇二三年 七 月一〇日 初版印刷
二〇二三年 七 月二〇日 初版発行

著　者　清水浩史《しみずひろし》
発行者　小野寺優
発行所　株式会社河出書房新社
〒一五一-〇〇五一
東京都渋谷区千駄ヶ谷二-三二-二
電話〇三-三四〇四-八六一一（編集）
〇三-三四〇四-一二〇一（営業）
https://www.kawade.co.jp/

ロゴ・表紙デザイン　粟津潔
本文フォーマット　佐々木暁
本文組版　株式会社ステラ
印刷・製本　凸版印刷株式会社


Printed in Japan ISBN978-4-309-41974-9

## ローカルバスの終点へ

宮脇俊三　41703-5

鉄道のその先には、ひなびた田舎がある、そこにはローカルバスに揺られていく愉しさが。北海道から沖縄まで、地図を片手に究極の秘境へ、二十三の果ての果てへのロマン。

## 汽車旅12カ月

宮脇俊三　41861-2

四季折々に鉄道旅の楽しさがある。１月から12月までその月ごとの楽しみ方を記した宮脇文学の原点である、初期『時刻表２万キロ』『最長片道切符の旅』に続く刊行の、鉄道旅のバイブル。(新装版)

## 旅の終りは個室寝台車

宮脇俊三　41899-5

「楽しい列車や車両が合理化の名のもとに消えていくのは淋しいかぎり」と記した著者。今はなき寝台特急「はやぶさ」など、鉄道嫌いの編集者を伴い、津々浦々貴重な路線をめぐった乗車記。新装版。

## うつくしい列島

池澤夏樹　41644-1

富士、三陸海岸、琵琶湖、瀬戸内海、小笠原、水俣、屋久島、南鳥島……北から南まで、池澤夏樹が風光明媚な列島の名所を歩きながら思索した「日本」のかたちとは。名科学エッセイ三十六篇を収録。

## 世界を旅する黒猫ノロ

平松謙三　41871-1

黒猫のノロは、飼い主の平松さんと一緒に世界37カ国以上を旅行しました。ヨーロッパを中心にアフリカから中近東まで、美しい風景とノロの写真に、思わずほっこりする旅エピソードがぎっしり。

## HOSONO百景

細野晴臣　中矢俊一郎〔編〕　41564-2

沖縄、ＬＡ、ロンドン、パリ、東京、フクシマ。世界各地の人や音、訪れたことなきあこがれの楽園。記憶の糸が道しるべ、ちょっと変わった世界旅行記。新規語りおろしも入ってついに文庫化！